»Wer sich des Vergangenen nicht erinnert, ist dazu verurteilt, es noch mal zu erleben.«

GEORGE SANTAYANA, PHILOSOPH

KÖLN UNTERM HAKENKREUZ

Die Jahre 1933–1945
in der Domstadt

Herausgegeben von
Harald W. Jürgensonn

DUMONT

Das Buch zur Serie »Als Köln braun wurde« –
Sonderausgabe des EXPRESS zum 70. Jahrestag
der Machtergreifung durch die Nationalsozialisten
am 30. Januar 1933, erschienen im Februar 2003.

Reproduktionen: Pre Print Partner, Köln
Druck und buchbinderische Verarbeitung: B.O.S.S, Kleve

ISBN 3-8321-7850-3
Printed in Germany

INHALT

GELEITWORT

Liebe Leserin, lieber Leser,

das Buch, das Sie in Händen halten, ist ein Buch gegen das Vergessen und – vielleicht schlimmer noch – das Verdrängen, das seinerseits Törichtes, wenn nicht gar Schlimmeres gebiert. »Köln unterm Hakenkreuz« erzählt die Geschichte unserer Stadt in der Zeit von 1933 bis 1945 und wirft Licht auf dieses dunkle Kapitel. Immer kleiner ist die Zahl derer, die diese zwölf Jahre noch erlebten; Jahre, die mit einer Bilanz des ungekannten Grauens endeten. Doch viele Kölner wollen mehr wissen über das, was damals geschah.

Der EXPRESS, die große Kölner Boulevard-Zeitung aus unserem Haus, dem Verlag M. DuMont Schauberg, hat die Rufe nach mehr Geschichte aufgenommen. Es waren gleichermaßen junge Menschen, die umfassend informiert sein wollen, wie auch ältere Menschen, die zusätzlich zum selbst Erlebten eine möglichst objektive Schilderung der damaligen Verhältnisse und Ereignisse lesen wollen. Der EXPRESS hat dem durch eine kompakte, verständliche Serie entsprochen, die Grundlage dieses Buches ist.

Wir stellen uns nicht zuletzt aus der Erfahrung, dass die Nazis auch unserem Zeitungshaus den Garaus machen wollten, wie ohnehin das freie Wort eines ihrer ersten Opfer war. Es gab erniedrigende »Verhandlungen« mit den neuen Machthabern und den brutalen Druck der Straße, wo Abonnenten der »Kölnischen Zeitung« und des »Kölner Stadt-Anzeigers« und Belegschaftsmitgliedern unseres Hauses Angst eingejagt wurde. Und es gab die »Überläufer« aus dem bürgerlichen Lager zu den braunen Nazi-Truppen. Bereits im März 1933 wurden alle deutschen Zeitungen von Joseph

Goebbels »gleichgeschaltet«. Es war insbesondere der Ruf der »Kölnischen Zeitung« im In- und Ausland, der unserem Haus das Überleben sicherte. Manch einer, der dem Nazi-Regime abhold war, fand in diesen Jahren im Hause M. DuMont Schauberg Unterschlupf. So zeigte sich der frühere beliebte Oberbürgermeister von Köln, Theodor Burauen, stets dankbar, dass sein Vater, obwohl überzeugter Sozialdemokrat, bei uns sein Unterkommen erhielt. Auch einzelne Bürger jüdischer Herkunft fanden über die Verlegerfamilie bis zum Kriegsbeginn und im Einzelfall bis weit in die 40er Jahre hinein Zuflucht bei der Firma.

Die Serie im EXPRESS hat Zuspruch auch von prominenter Seite erfahren. Hans-Jürgen Wischnewski, einer der profiliertesten Nachkriegspolitiker der Bundesrepublik aus Köln, sagt: »Die Auseinandersetzung mit der Vergangenheit ist ein ganz wichtiges Thema. Leider beschäftigen sich die Deutschen zu wenig damit. Es ist besonders verdienstvoll, wenn sich der EXPRESS als Boulevard-Zeitung dieser kritischen Auseinandersetzung mit der Vergangenheit annimmt.«

Der frühere WDR-Intendant Friedrich Nowottny, als politischer Journalist (»Bericht aus Bonn«) und EXPRESS-Kolumnist in Historie und Tagesgeschäft gleichermaßen zu Hause, urteilte über die verschiedenen Folgen: »Ein überfälliges, wichtiges Angebot für alle, die sich für diese Zeit interessieren, eine Zeit, die allzu lange undiskutiert blieb. Eindrucksvoll geschrieben und illustriert und wert, dass man sie sammelt und jungen Leuten zur Verfügung stellt.«

Die Serie »1933: Als Köln braun wurde« gehört heute bereits zum Unterrichtsmaterial an Kölner Schulen. Zahlreiche Leser fragten nach einer Zusammenfassung. Das Kölner NS-Dokumentationszentrum im El-De-Haus, mit dessen Unterstützung die Serie entstand, hat die Beiträge archiviert, bat um weitere Exemplare für Besucher und zu Forschungszwecken.

»Köln unterm Hakenkreuz«, die Domstadt unterm Joch der Nazi-Diktatur. Wie hat alles angefangen, wie sah der Alltag aus zwischen 1933 und 1945? Wer war dabei, wer war Täter, wer Opfer? Welche Spuren hinterließ diese barbarische Zeit, welche Wunden hinterließ sie bei den Menschen, welche sind noch sichtbar in der Stadt? Auf solche Fragen über das Köln in der NS-Zeit versucht dieses Buch Antworten zu geben.

»Köln unterm Hakenkreuz« ist nicht nur geschichtlicher Abriss, knappe Zusammenfassung der damaligen Ereignisse. Es ist eine Mahnung, dass wir nie vergessen dürfen, was unter der NS-Barbarei geschah. Wer Demokratie leben will, muss wissen, wie Diktatur entstehen kann und welche Folgen sie hat. Seinerzeit haben wir als Volk, das physisch und moralisch am Boden lag, Demokratie lernen müssen, während uns noch das Entsetzen über die Schrecken des Nationalsozialismus lähmte. Seither begleiten uns Fragen, die an unser Selbstverständnis gehen. Etwa die, ob die Deutschen – als einzelne oder in der Masse – verführbarer sind als die Völker anderer Länder.

Die Nazi-Zeit überschattet für mich die Erinnerung an hehre Gestalten wie Schiller, Goethe oder Beethoven, schrieb ich 1999 an Ignatz Bubis, den damaligen und leider verstorbenen Präsidenten des Zentralrates der Juden in Deutschland. Heute leben wir in diesem Land Demokratie. Doch Leben bedarf steter Erinnerung. Der Ihnen vorliegende Band soll seinen Beitrag dazu leisten.

Köln, im Februar 2003
Alfred Neven DuMont
Kölner Verleger, Herausgeber des EXPRESS

KÖLN UNTERM HAKENKREUZ

Wirtschaftlicher Berater der NSDAP: der Kölner Bankier Kurt Freiherr von Schröder

Die Machtübernahme – Im Rheinland stießen die Nationalsozialisten 1933 nur auf wenig Widerstand

Jahrelang war das ganze Land mit brauner, stinkender Gesinnungs-Jauche gefüllt worden, zuletzt am 4. Januar 1933. Vom Haus des Bankiers Kurt Freiherr von Schröder am Stadtwaldgürtel 35 fließt eine eklige Abmachung in das Auffangbecken nationalsozialistischen Terrors: Der ehemalige Reichskanzler Franz von Papen und Adolf Hitler geben sich die Hand darauf, dass die Nazis an einer zukünftigen Regierung beteiligt werden.

Am 30. Januar 1933 läuft der zum Bersten gefüllte Gülle-Sumpf Deutschland über: Hitler ist Reichskanzler, hat die Macht ergriffen. Das ganze Reich stinkt zum Himmel. Auch Köln ist braun. Bankier Schröder übrigens wird Ratsherr, Präsident der Industrie- und Handelskammer, Präsident der Gauwirtschaftskammer. Er hat sich eingekauft in die Nazizeit – wie so viele in dieser Stadt, im ganzen Rheinland.

Die »Weihestunde des nationalen Kölns«, in der das »nationale Bürgertum marschiert«. Jetzt kann geerntet werden, was zwischen 1925 und 1929 ein einzelner NSDAP-Mann, ab 1929 vier Nazi-Stadträte im Rathaus gesät haben. »Nur« 24,5 Prozent der Kölner Wähler hatten sich zuletzt für die braune Partei entschieden, aber als Hitler das Sagen im Staate hat, ist alles vorbereitet – und sei es durch Fehleinschätzung der heraufziehenden Gefahr.

Von wenigen? Von vielen sogar ganz Wichtigen. Zum Beispiel Konrad Adenauer: 1933 als Oberbürgermeister

Wir dürfen diese Zeit nie vergessen

Im El-De-Haus, der ehemaligen Gestapo-Zentrale Kölns, befindet sich heute das NS-Dokumentationszentrum, mit dessen Unterstützung diese EXPRESS-Texte entstanden. In der Gedenkstätte am Appellhofplatz gibt es eine umfangreiche Bibliothek zum Thema Nationalsozialismus und »Nationalsozialismus im Rheinland«, eine Dauer-Dokumentation und wechselnde Einzelausstellungen sowie zahlreiche Informationsschriften.

13. März 1933: Uniformierte Nationalsozialisten marschieren vorm Rathaus auf.
Schon am Morgen floh OB Konrad Adenauer aus der Stadt, Nachfolger ist Dr. Günter Riesen.

Adolf Hitler, Franz von Papen: Seite an Seite ins Dritte Reich

abgesetzt, weil er die Nazis bekämpfte, hatte er noch drei Monate zuvor Hermann Göring als preußischen Ministerpräsidenten vorgeschlagen. Der Kölner trug schon immer viele Kappen …

Am 13. März 1933 weht überm Rathaus die Hakenkreuzflagge. Als am 7. April das »Gesetz zur Wiederherstellung des Berufsbeamtentums« verabschiedet wird, zeigt sich Köln als Musterknabe der neuen Zeit: Die Entlassung jüdischer Mitarbeiter ist schon spruchreif, bis Ende 1935 werden 587 den braunen Herren unliebsame Personen entlassen, bis März 1936 durch 1412 »Alte Kämpfer« (NSDAP-Mitglieder aus den Jahren vor 1930) ersetzt.

März 1933: »Juden raus!« brüllen Nazi-Schläger in der Kölner Oper bei einer »Fidelio«-Aufführung. Draußen werden jüdische Richter und Rechtsanwälte aus dem Gerichtsgebäude am Reichenspergerplatz getrieben und auf Müllwagen durch die Stadt gefahren. Der Geschäftsmann Arnold Katz und sein Sohn Benno müssen sich mit einem Transparent in der Innenstadt demütigen: »Als Antwort auf die Greuelpropaganda kauft kein Deutscher mehr beim Juden!« steht darauf. Die Hatz am Rhein.

Die NSDAP-Wahlergebnisse in Köln lagen rund zehn Prozent unter Reichsdurchschnitt. Die Legende sagt, dass der Nationalsozialismus in der liberalen Stadt deshalb nie richtig Fuß gefasst hätte. Es ist eine Legende, eine Lüge. Die Wahrheit ist bitter.

Denn ab dem 30. Januar 1933 zeigen die Kölner, dass sie weniger Opposition als vielmehr Opportunismus im Sinn haben. Es dauert nur wenige Wochen, bis Parteien und Vereine, Gewerkschaften und Verbände, Presse und Rundfunk gleichgeschaltet sind.

Köln wieder Hansestadt

Wegen der historischen Bedeutung für die Rheinprovinz verleihen die Nationalsozialisten Köln wieder die alte Bezeichnung »Hansestadt«, die an den Export »deutscher Art, deutscher Sprache und deutscher Kultur« erinnern soll. OB Günter Riesen feiert das am 1. Oktober 1935 in Anwesenheit von Nazi-Gauleiter Josef Grohé im Gürzenich.

Das heißt: Sie sind jetzt stramm auf Nazi-Linie. Das Hakenkreuz prangt sogar am Kirchenaltar, Gauleiter Josef Grohé (1902–1987) ist Herr der Zeit, über Leben und Tod, sein Wort für viele Kölner Gesetz.

Adolf Hitler hat Großes vor mit der Domstadt. Sie wird Zentrum der Rassenpolitik im Rheinland, in Deutz soll ein Aufmarschgelände entstehen, gigantisch wie sonst keins in der neuen Welt.

Die Messe wird zu einem der größten KZ-Außenlager des Deutschen Reichs, der Neumarkt, die Ringe, Aachener Weiher und Rudolfplatz erleben Nazi-Massenveranstaltungen, von denen das ganze Reich spricht. Köln ist braun.

1928:
die NSDAP-Geschäftsstelle
am Hohenzollernring 81

DAMALS

Kölner NS-Gauleiter ist seit 1922 Nazi
Josef Grohé, 1902 im Hunsrück geboren, ist seit 1922 NSDAP-Mitglied, von 1931 bis 1945 Gauleiter der Nazis in Köln. Der gelernte Kaufmann bestimmt die Kommunalpolitik.

Stadtwerbung modern mit Ton & Bild
Am 18. Dezember 1934 wird das erste »tönende Städtebuch« Kölns als »mustergültige Verkehrswerbung« ausgezeichnet. Es sind Texte und Fotos sowie zwei Schallplatten.

Neue Universität nimmt Betrieb auf
Das neue Kölner Universitätsgebäude (zwischen Zülpicher Wall und Innerer Kanalstraße, 1927 geplant) wird am 27. April 1934 in Betrieb genommen. Die feierliche Einweihung am 5. April 1935 wird zur gigantischen Nazi-Propagandaveranstaltung.

26. Oktober 1933: Hitler in den Messehallen. Er liebt diese Massenauftritte in Köln – schon seit Frühjahr 1933 ist er hier Ehrenbürger, die meisten Kölner sind begeistert von seiner Politik.

Wer gegen Nazis war, kam in den Folterkeller der SA

Josef Oellers arbeitete 1933 als 14-Jähriger in einer Metallwarenfabrik. Über den Abend des 3. März 1933 berichtet er:

»Dann kam Polizei, ein Panzerspähwagen aus der Kaserne und mit Maschinengewehr vorne drauf; und dann hat der die ganze Elsassstraße nachher unter Feuer genommen. ›Fenster zu‹ und so, die Brüllerei von denen,

Gefängnis der Gestapo mit Folterkeller und Galgen im Hof: das El-De-Haus im Dritten Reich, heute Kölner NS-Dokumentationszentrum.

und dann wurde geknallt. Selbst bei Leuten, die Asthma hatten. Da war ein Mann, Becker heißt der, ein älterer Mann, schossen sie da in die Wohnung rein. Der Mann machte die Fenster ja auch nicht zu, und die ganze Kolonie war mit Einschüssen an den Häusern von Maschinengewehr bekleckert, und dann war praktisch das Spielchen da zu Ende.«

Kurt Bachmann, Jahrgang 1909, arbeitete 1933 illegal für die KPD in Köln. Er erlebt die Machtergreifung in der Altstadt:
»Ich wohnte in der Beethovenstraße, und direkt daneben war die Mozartstraße 28. Das war der berüchtigte SA-Keller, wo also jene, von denen man annahm, dass sie Kommunisten sind, verhaftet wurden. Sollmann, Kölner SPD-Abgeordneter im Reichstag, wurde auch verhaftet und furchtbar zugerichtet. Sein Glück war, dass er dann noch in das Polizeipräsidium gebracht wurde. So ist er am Leben geblieben. Wenn man einen schnappte, wurde man in den Folterkeller der SA verschleppt in der Mozartstraße. Ich bin dem Schicksal entgangen.«

Kölns Oberbürgermeister Konrad Adenauer am 4. Februar 1933 in einem Brief an Ella Schmittmann aus Köln:
»Wir sind mitten in einem regelrechten Umsturz, Recht und Verfassung gelten nichts mehr, es ist wie 1918, nur auf andere Weise. Wohin führt das? Ich weiß es nicht, aber man kann sehr besorgt sein ...«

DAMALS

100 000 Kölner feiern Adolf Hitler
Am 28. März 1936, einen Tag vor den Reichstagswahlen, besuchen Adolf Hitler, Joseph Goebbels und Rudolf Heß Köln. 100 000 Kölner feiern die drei Nazis als »Befreier«.

Neue Kasernen für die Wehrmacht
Sechs neue Kasernen entstehen nach 1936 bis 1938 auf Kölner Stadtgebiet: Butzweiler Hof, Dürener Straße, Longerich, Dellbrück, Westhoven und Ostheim.

Das Nazi-Folterhaus ist jetzt Mahnmal

Seit 1935 war das El-De-Haus am Appellhofplatz Zentrale der Kölner Geheimen Staatspolizei (Gestapo). Geplant war es als Wohn- und Geschäftsgebäude des Kölner Goldwaren- und Uhrengroßhändlers Leopold Dahmen, dessen Initialen das Haus seinen Namen verdankt. Nach einem Baustillstand wurde der Rohbau für die Gestapo angemietet und für deren Zwecke verändert, u. a. durch den Einbau des Häftlings-Trakts im Keller. Diese Zellen sind heute Mahnmal und Gedenkstätte.

STADT DER LAGER UND GALGEN

Gnadenlose Hatz – Zigeuner und Juden standen im Zentrum des Rassenwahns. Und alle wussten davon.

Venloer Straße 888 in Köln-Bickendorf. Hinter einem zwei Meter hohen Maschen- und Stacheldrahtzaun stehen hölzerne Wohnkarren, wie man sie vom Zirkus kennt. Zwischen einigen hängt Wäsche zum Trocknen, Hunde wälzen sich im Schlamm, und Kinder spielen Verstecken. Manchmal hört man eine Frau singen, am Abend schwebt trauriger Geigenklang über dem Platz. Fahrendes Volk, das sich ausruht. Idylle, Romantik, Frieden. Mitten in Köln, im Mai 1935.

Es ist das erste Zigeunerlager im Deutschen Reich, das nun das Dritte Reich heißt. Ein Musterlager für ganz Deutschland. Nicht romantisch, schon gar nicht friedlich. Es ist das Vorlager zur Hölle, erste Station auf dem Weg ins KZ, zum Krematorium. Mitten in Köln, dem Zentrum der nationalsozialistischen Rassenpolitik im Rheinland.

Über 20 Institutionen, die sich mit »Erb- und Rassenpflege«, mit der »Reinhaltung des Blutes« beschäftigen. Allein beim Gesundheitsamt der Stadt Köln sind angesiedelt: die Beratungsstelle für Erb- und Rassenpflege, Fürsorgestelle für Nervöse und Geisteskranke, für Alkoholiker, für Körperbehinderte, die ärztliche Eheberatungsstelle (zum Thema Zwangssterilisation). Zur Uni Köln gehören in dieser Zeit psychiatrische Institute, Nervenkliniken, das neu geschaffene Institut für Erbbiologie und Rassenhygiene und die Arbeitsstätte für geschichtliche Volkskörperforschung. Es gibt Sondergerichte, das Gau-

»Zigeuner« vor ihren Wohnwagen am Bickendorfer »Schwarz-Weiß-Platz«. Das Kölner Lager, erstes dieser Art in Deutschland, galt als Muster für das gesamte Deutsche Reich.

sippenamt, das Erbgesundheitsgericht, den Klingelpütz, die Gestapo. Und es gibt mehrere Galgen in der Stadt.

Sinti und Roma werden in Lagern zusammengetrieben, warten auf die Fahrt in die Vernichtungslager im Osten. Von einer »rassenhygienischen Forschungsstelle« werden sie vermessen – die Wissenschaft kommt zum Schluss, dass es sich um »Minderwertige« handelt, eine »minderwertige Fremdrasse«.

Die ersten Zwangsarbeiter in der Stadt sind 1938/39 Juden und »Zigeuner«. Glücklich ist, wer im Arbeitslager für Kölner Unternehmen schuften darf, glücklich der Jude, der nur mit Berufsverbot belegt wird – allemal besser als der sichere Tod in Auschwitz, in Dachau, in Birkenau. Aber auch das ist nur ein kurzer Aufschub. Von Köln aus werden 1500 so genannte »Zigeuner«, über 10 000 Juden deportiert. Köln ist wichtiger Teil des Völkermords.

Am 29. März 1933 melden die Puppenspiele der Stadt Köln: »Die Puppenspielerin Fanny Meyer ist Jüdin. Außer ihr ist niemand Jude und auch nicht mit einem Juden verheiratet.« Schon vor der Machtergreifung am 30. Januar 1933 haben Kölner Nazis eine gnadenlose antisemitische Hatz begonnen, jetzt ist die letzte Hemmschwelle gefallen. Eheschließungen zwischen »deutschblütigen Personen mit Zigeunern, Negern oder ihren Bastarden« sind verboten, »Zigeuner« werden zwangssterilisiert, als »Asoziale« verfolgt. In Köln sind Kripobeamte Tag und Nacht zu Ausweiskontrollen unterwegs – die Überwachung ist lückenlos.

Im Gerichtsgebäude am Reichenspergerplatz entscheidet Richter Peter Nesseler über viele Zwangssterilisationen – insgesamt sind 2000 Fälle in Köln aktenkundig. Nesseler ist Vorsitzender des Erbgesundheitsgerichts von 1933 bis 1945. Erst am 29. November 1956 setzt er sich zur

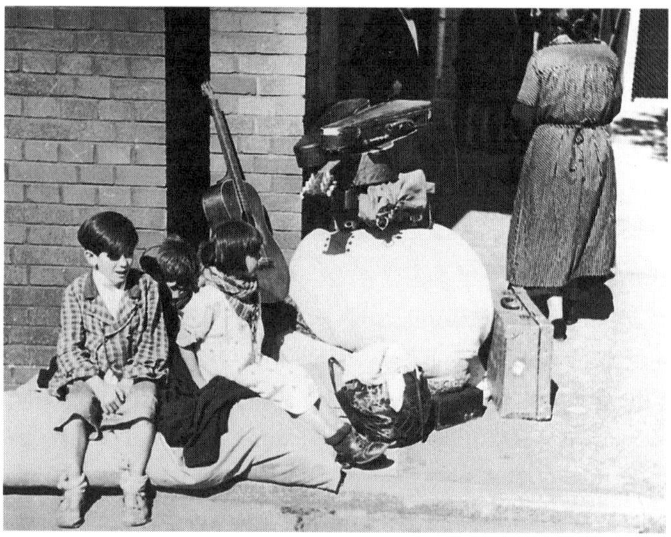

Im Mai 1940 warten »Zigeuner«-Kinder am Kölner Messegelände auf ihre Deportation. Mehr als das, was sie am Leibe trugen, und einige wenige Sachen im Handgepäck durften sie nicht mitnehmen.

Ruhe – nach 1945 wurde er nahtlos zum Amtsgerichtspräsidenten in Köln ernannt. Seine Opfer leiden ihr Leben lang ...

Als »erbgesund und arisch« preisen sich Frauen und Männer in Heiratsannoncen an, unter der Überschrift »Denk deutsch, kauf deutsch, nie beim Juden« empfehlen sich in Köln »Die Christlichen Geschäfte der Severinstraße«. Ende 1943 ist Köln nahezu »judenfrei«, lediglich vierzig bis fünfzig von ihnen überleben in Verstecken. 10 000 sind tot, ermordet, verbrannt. Unvergessen.

Im Zuge der »Auslese« gibt es Razzien an der Hohenzollernbrücke, einem damaligen Homosexuellen-Treffpunkt. Wer erwischt wird, kommt ins Zuchthaus, ins KZ oder endet am Galgen – im Klingelpütz, mitten in Köln. Die Grenzen zwischen Menschlichkeit und Morden sind verwischt: Friedrich Tillmann, Direktor des Kölner Waisenhauses, ist gleichzeitig in Berlin Büroleiter der Euthanasie-Zentrale.

Rudolf Diels, ehemaliger preußischer Gestapo-Chef, wird 1934 zum Regierungspräsidenten von Köln gemacht. Weil er sich mit dem Kölner Erzbischof Kardinal Schulte trifft, fällt er in Ungnade, soll von seinen braunen Kameraden exekutiert werden.

Er kann fliehen und schreibt später in seiner nachträglichen Rechtfertigung der herausragenden Rolle, die er im Nazi-Rheinland spielte: »Das Reservoir, aus dem (in Köln) die Partei schöpfte, waren mehr als andernorts die entwurzelten Schichten, aus denen die Abtrünnigen der Kirche den radikalsten Teil stellten.

Zum Unterschied von anderen Landesteilen, z. B. von Hannover, traf man in Köln durchgängig schlechte Elemente in der Parteileitung. Ihr sybaritisches (genusssüchtiges) Treiben, das der Leichtsinn der Rheinländer noch beflügelte, erweckte bei dem neu Hinzukommenden den Eindruck, als ob er unter Freigelassenen in einem ewigen Karneval lebe.«

Eine (v)erbitterte Bilanz.

Das waren die Menschen, bei denen der Rassenwahnsinn auf fruchtbaren Boden fiel, die Köln zum rheinischen Zentrum deutscher Rassenpolitik werden ließen. Das waren die Menschen, denen nicht verborgen geblieben sein kann, was sich schon viele Jahre vor 1933 in ihrer Stadt abspielte: Terror gegen Menschen, gegen Nachbarn, gegen Freunde.

Hinrichtungs-Willkür: Der Klingelpütz, das Zuchthaus mitten in der Stadt, hatte seinen eigenen Galgen.

Sie haben mich sterilisiert

Eine Kölnerin, Jahrgang 1922, wurde im Alter von 18 Jahren zwangssterilisiert. Ihr Gespräch mit Dr. Werner Jung (NS-Dokumentationszentrum Köln) ist in der Ausstellung des El-De-Hauses als erschütterndes Tondokument zu hören. Wir geben einzelne Teile ihrer Erinnerungen in Auszügen wieder:

»Ich war immer unter ärztlicher Kontrolle, in ärztlicher Behandlung wegen meiner blinden Mutter. Ich wurde an beiden Augen operiert, danach wollte ich heiraten. Wir mussten um Erlaubnis fragen, ein amtsärztliches Attest haben, dass wir gesund waren. Und das hab' ich nicht bekommen. Meine Mutter ist auch schon zwangssterilisiert worden mit 36 Jahren. Dadurch war ich mit in den Akten. Erbkranke durften höchstens Erbkranke heiraten, wenn überhaupt. Da haben wir um Erlaubnis gefragt, ein ganzes Jahr drum gekämpft, ein Jahr später die Genehmigung bekommen. Dann wollten wir kirchlich getraut werden.

Aber wer keine Kinder bekommt, darf auch nicht kirchlich heiraten. Da waren wir dann auch wieder isoliert.

Und dann sollte ich in Köln ins Weyertal. Bin auch gut behandelt worden im Krankenhaus. Da kann ich nicht klagen. Man wusste ja, worum es ging, was gemacht wurde. Aber man konnte mit keinem drüber reden. Da war man minderwertig. Erbkranke waren sowieso minderwertig.

Keine Familie zu haben und die Kirche gegen sich zu haben: Da leide ich heute noch drunter. Früher, im Haus, wo ich wohnte, da wussten sie, dass ich keine Kinder hatte. Da hieß es: Wie macht ihr das bloß? Es war schlimm.

Auch heute, mit 74 Jahren, habe ich nur oberflächliche Kontakte. Wenn andere erzählen von der Jugend, von früher, kann ich nicht mitsprechen.«

DIE LEIDENSNACHT DER KÖLNER JUDEN

»Juden raus!« rufen sie. Frauen schlagen sie, Kinder jagen sie durch die Straßen. Männer demütigen sie, Wohnungen, Geschäfte plündern sie. Und Synagogen zünden sie an. Es ist die Nacht vom 9. zum 10. November 1938. »Kristallnacht« werden die Nazis sie nennen, als Nacht der Zerstörung, der Demütigung, des Mordens, Plünderns und der Unmenschlichkeit geht sie in die Geschichte ein. Auch in die Geschichte Kölns.

In dieser Nacht wird der Friseur Moritz Spiro misshandelt, zusammengeschlagen, niedergeknüppelt. Er ist Jude. Er stirbt am 18. November 1938 im jüdischen Krankenhaus zu Nazi-Köln.

Nichts geschieht heimlich, alles passiert vor aller Augen. Es ist ein ganz normaler Wochentag im April 1933, als Müllwagen durch Köln fahren. Auf der Ladefläche zusammengekauerte Menschen, manche verdecken verschämt ihr Gesicht, andere gucken stolz und trotzig auf die Passanten, von denen die einen verschämt weggucken, die anderen wütende Hassparolen brüllen. Die Menschen auf den Lastwagen sind Rechtsanwälte, Richter. Vor allem sind sie – Juden. Rausgezerrt aus dem Gericht am Appellhofplatz, vorgeführt wie Vieh. Der braune Terror zieht durch Köln. Schürt Juden-Hass. Beginn des Völkermords.

Arnold und Benno Katz, der Metzgermeister und sein Sohn, werden durch die Stadt getrieben. Eingekeilt zwischen Kölner SA-Schergen, tragen sie Hetzplakate der

Arnold und Benno Katz werden im April 1933 durch die Stadt getrieben. Der SA-Mann links lacht – wie so viele, die am Straßenrand stehen an diesem Tag.

Nazis. Sie werden angespuckt, verhöhnt, geschlagen. Sie sind Juden. Im April 1933. In Köln.

Nichts gilt mehr, was war. Oppenheim, größte Privatbank Kölns, muss 1938 ihren auf den jüdischen Gründer Salomon Oppenheim hinweisenden Namen ändern – sie heißt jetzt »Pferdmenges & Co« (erst 1947 erhält sie den alten Namen zurück).

In Zeitungen erscheinen folgende Anzeigen (und noch viele andere ähnlichen Inhalts): »Rosenthal jetzt arisch! Als langjährige Mitarbeiterin habe ich die Firma Rosenthal übernommen. Handarbeiten Kuhlmann, vorm. Rosenthal.« »Dr. Paul Israel Lewinski praktiziert in den Sprechräumen des Zahnbehandlers Herrn Dr. Israel

Mit dieser Bildleiste dokumentierten die Nazis im »Westdeutschen Beobachter« ihren Boykott der Juden. Die Originalbildunterschrift: »Von links nach rechts: Aufklärungspropaganda in den Straßen. Plakate an jüdischen Geschäften als Antwort auf die Greuelpropaganda: Kein Deutscher kauft bei Juden. – Dem berüchtigten Juden Katz-Rosenthal hat man eine treffende Illustrierung auf das Schaufenster gehängt: Eine fette Maus kriecht aus einem Stück Wurst heraus. – Der »Westdeutsche Beobachter« stellt sich als ausgezeichnetes Propagandamittel in den Dienst der Sache.

Mayer. Zugelassen zur Behandlung jüdischer Zahnkranker.« Alle Juden müssen als zusätzlichen Vornamen »Israel« und »Sara« angeben.

In Köln brennen in der »Kristallnacht« alle Synagogen – an der Roonstraße, an der Glockengasse, St.-Apern-Straße, Körnerstraße, in Deutz und in Mülheim. Unschätzbare Werte werden zerstört. Der Großteil der jüdischen Geschäfte wird geplündert, viele in Brand gesetzt, Wohnungen von Juden gestürmt und ausgeräumt. Theo Burauen, später Kölner Oberbürgermeister, sagt: »Ich habe mich nie in meinem Leben so geschämt wie an diesem Tag.« Hunderte Juden werden in dieser Nacht verschleppt – ins Konzentrationslager Dachau.

Anlass für die Nacht des Grauens waren die tödlichen Schüsse des Juden Herschel Grünspan auf den deutschen Botschaftsrat in Paris, Ernst vom Rath. Anweisung der Reichsregierung an die Presse: »Die Nachricht muß die erste Seite voll beherrschen.« Nach der »Kristallnacht« verfügt das braune Propagandaministerium: »Keine Schlagzeilen auf der ersten Seite. Vorläufig keine Bilder bringen.« Aber alle wissen Bescheid …

Am 12. November 1938 werden alle Juden vom Wirtschaftsleben ausgeschlossen. Viele Kölner Händler, »arische« Kölner wohlgemerkt, profitieren davon, übernehmen jüdische Geschäfte zu Schleuderpreisen. Der Ruf »Juden raus!« wird in die Tat umgesetzt. Gnadenlos.

20 000 Juden lebten vor der Nazi-Zeit in der Stadt, bei Kriegsende sind es nur noch rund fünfzig. Sie überlebten das braune Köln in Verstecken.

Ein Transparent in der Kolumbastraße, quer über die ganze Straße gespannt, besagt: Die Kolumbastraße ist frei von jüdischen Geschäften. – Daneben: Eine »billige« Ecke in der Bechergasse wird dementsprechend bezeichnet. – Vor dem jüdischen ZPK (Zwei-Preis-Kaufhaus) steht ein SA-Aufklärungsposten. – Ein Geschäft in der Kolumbastraße. Die Schaufensterinschrift besagt: Kauft nur beim deutschen Einzelhändler. – Ein billiger Jude am Mühlenbach wird angeprangert. – Die letzten Bilder zeigen einen geschlossenen Ehape-Ramschladen.«

»... im Herzen unsere stille Freude daran ...«

Nichts geschah heimlich, der Judenhass war Alltag geworden. Der Kölner Heinrich Coenen erinnert sich an 1933:
»Hierzu gab es bei uns ein Lied, das ich mal bei einer Straßenbahnfahrt gehört hatte: ›Töff, töff, töff, do kütt dä Jüd jefahre, töff, töff, töff, met singem Kinderware, töff, töff, töff, wo well dä Jüd dann hin, Jerusalem, Jerusalem, wo all die Jüdde sin. Treibt sie fort von uns, die Judenbande, treibt sie aus unserem Vaterlande.‹ Unser Lehrer fand das alles andere als schön, aber ob wir Jungens nicht alle im Herzen unsere stille Freude daran gehabt haben, möchte ich für meinen Teil keineswegs bestreiten ...«

Ruth Fischer-Beglückter erlebte die »Kristallnacht« im jüdischen Kinderheim an der Lützowstraße:
»Plötzlich wurde unser Schlaf durch Steine unterbrochen, die von der Straße aus zu uns geworfen wurden. Wir erfuhren, dass es Gruppen von Nazis waren, die Steine warfen. Ich konnte nicht verstehen, warum man an ein Haus, das von Kindern bewohnt war, Steine warf. Wie viel Trauer habe ich empfunden! ... Ich erinnere mich, dass, wenn wir den Vetter und die Cousine besuchen wollten, meine Mutter ausweichend antwortete; erst Jahre später erfuhr ich, dass meine Tante mit den Kindern deportiert worden war.«

Kölns Generalstaatsanwalt am 5. August 1939 zum Tod des jüdischen Friseurs Moritz Spiro, der in der »Kristallnacht« von dem Kölner Bürogehilfen Norbert H. erschlagen wurde:
»... schlage ich vor, die Sache wegen Totschlags zur Verfolgung zu bringen.« Bescheid des Reichsjustizministers am 11. Oktober 1940: »Das Verfahren ist durch Erlaß des Reichsministers der Justiz ... vom 2. Oktober 1940 niedergeschlagen.«

Zerschlagen, geplündert, angezündet: die Synagoge an der Glockengasse.
In der »Kristallnacht« werden auf Anweisung des Nazi-Regimes Hunderte jüdischer Männer von der Gestapo nach Dachau verschleppt. Viele Kölner Juden wandern »freiwillig« aus.

FLUCHT AUS KÖLNER KZ ENDET AM NAZI-GALGEN

Hans Steinbrück sitzt rittlings auf einem großen Stahlzylinder. Hammerstahl und Meißelkopf sprühen Funken, ein Metallstück fliegt zur Seite. Steinbrück, der »verwegene Hund«, wie sie ihn nennen, hat's mal wieder geschafft. »Bomben-Hans« hat eine Bombe entschärft. Dafür darf er mal wieder raus, Freunde besuchen, Stadtluft riechen. Hans Steinbrücks Zuhause ist seit 1942 das Messelager Köln. Ein »Politischer« ist er, einer, der den Nazis nicht passt. Einer, der jeden Tag darauf wartet, ins Konzentrationslager Buchenwald gebracht zu werden. Einer von vielen Tausend Verlorenen hier auf der »Schäl Sick« von Köln.

Arbeitserziehungslager, Hilfsgefängnis, Außenlager des KZ Buchenwald. Auch Konrad Adenauer, der erste Bundeskanzler des Nachkriegs-Deutschlands, ist hier inhaftiert – im August 1944. Er überlebt. Viele andere nicht.

Fünfzig Jahre lang wird das Messelager totgeschwiegen. Zu grauenvoll die Erinnerungen, zu beschämend für die Kölner. Denn die Kolonnen der Lagerarbeiter – alle Häftlinge tragen gestreifte KZ-Anzüge – gehören zum Stadtbild. Es gibt auch noch andere KZ-Außenkommandos in Köln. Sie heißen »Köln-Stadt«, »Köln-Ford« »Köln-Westwaggon«. Das Grauen vor der Tür.

Zwangsarbeit in Köln. Allein die Reichsbahn beschäftigt 8000 Ausländer; KHD, Ford, Felten & Guilleaume, Glanzstoff-Courtaulds, kleine Handwerksbetriebe – alle bedienen sich aus dem KZ-Kontingent. Auch die Stadtverwaltung: 1000 KZ-Häftlinge, zusammengefasst in der

Zwangsarbeiter schuften für Köln

Bahn, Tiefbauamt, Schlachthof, Fuhrpark, Straßen- und Kanalbau sowie Gas- und Elektrizitätswerk – Zwangsarbeiter sichern in Köln die tägliche Versorgung der Stadt während des Zweiten Weltkriegs. Als bei einem Luftangriff eine Bombe als Blindgänger in den Dom fällt, wird sie von Häftlingen des Messelagers geborgen. Um einen bei einem Angriff beschädigten Dompfeiler vor dem Einsturz zu retten, werden 25 Zwangsarbeiter eingesetzt. Ganz offiziell – auf Grund weit reichender Kompetenzen des NS-Bürgermeisters Robert Brandes.

Herbst 1939: die ersten polnischen Kriegsgefangenen im Messelager. Sie werden in der Landwirtschaft des Umlands eingesetzt.

»SS-Baubrigade III«, räumen seit Herbst 1942 Trümmer, bergen Leichen und entschärfen Bombenblindgänger.

Insgesamt 300 Lager gibt es in Köln zwischen 1939 und 1945, einige sind große Barackensiedlungen, die als »Lagerstädte« von Kölner Firmen unterhalten werden. Ins Krankensammellager Gremberger Wäldchen werden seit 1943 TBC-kranke Zwangsarbeiter eingeliefert – sie sterben elendiglich und einsam.

1000 Sinti und Roma, viele von ihnen Kinder, werden im Mai 1940 vom Bahnhof Deutz-Tief in Ghettos und Lager nach Polen deportiert, im Frühjahr 1943 noch mal eine Gruppe von 170 nach Auschwitz-Birkenau. Fahrt in den Tod: Fast alle werden sterben.

Diese Luftaufnahme des Messegeländes entstand vor 1938. Links steht der Messeturm, auch einige Gebäudeteile sind noch heute vorhanden.

Forscher auch in Köln im Dienst der Nazis

Unter dem Deckmantel »wissenschaftlicher Forschung« werden Kölner Lager-Insassen vermessen und »rassenbiologisch« an Haaren, Augen, Ohren, Nasen und Händen untersucht. Die Ergebnisse dieser menschenverachtenden Arbeit der »Rassenhygienischen und bevölkerungsbiologischen Forschungsstelle« mit Sitz im Reichsgesundheitsamt Berlin bereiten die »Selektion« vor, die über Leben und Tod entscheidet. Ziel: Juden, Sinti und Roma zu »lebensunwertem Leben« erklären und töten.

Im Messelager wird gehungert. Die Häftlinge stürzen sich auf Mülltonnen, um wenigstens Kartoffelschalen oder abgenagte Knochen zu ergattern. Es wird geklaut, organisiert – und trotzdem noch gehungert. 280 Gramm Fleisch pro Woche, dazu 170 Gramm Fett, 100 Gramm Quark, 63 Gramm Kaffee-Ersatz, auch alles andere nur grammweise – so sieht die Verpflegung im günstigsten Fall aus. Die Realität heißt: Kohlrabi, Kohlrabi, Kohlrabi. Alle Häftlinge sind unterernährt, krank. Und alle müssen schwer arbeiten.

Als erste deutsche Stadt setzt Köln KZ-Häftlinge einer SS-Baubrigade zur Trümmerbeseitigung, Leichenbergung und Bombenentschärfung ein.

Wer im Messelager interniert ist, hat auch meist keine Habe mehr. Alle Juden sind enteignet, ihre Möbel, Teppiche, ihr Hausrat, ihre Kleidung werden in der Südhalle der Messe versteigert – von der Vollstreckungsstelle des Finanzamts. Viele Kölner kommen hier zu neuen, gebrauchten Sachen »aus nichtarischem Besitz«.

Wer aus dem Messelager flieht und geschnappt wird, wünscht sich, tot zu sein. Der Pole Wojciech Gwizdziel haut am 5. Mai 1944 ab. Wird kurz vor seinem Heimatort Schneidemühl (heute Pila) in Polen gefasst, verbringt sechs Tage im Kölner Stehbunker, Hockstellung. Wird zu 25 Stockhieben verurteilt, die SS verabreicht ihm 75 Schläge auf die Nieren. 1944 fliehen 157 Menschen aus dem Messelager Köln. »Auf der Flucht erschossen« wird Teil der täglichen Sprache.

Auch »Bomben-Hans« Steinbrück, der »verwegene Hund«, der allein im August 1943 über 900 Blindgänger entschärft, versucht immer wieder, aus dem Lager zu entkommen. Er taucht in den Ruinen Ehrenfelds unter. Am 10. November 1944 wird er von den Nazis erhängt – neben ihm am Galgen an der Hüttenstraße, an dem am 25. Oktober 1944 bereits elf Ausländer gehängt wurden, sterben zwölf meist junge Menschen, Mitglieder der Widerstandsgruppe »Edelweißpiraten«. Mitten in Köln.

DAMALS

Festliche Beflaggung ...
... im gesamten Stadtgebiet am 14. Juni 1940. Anlass ist die Einnahme von Paris.

Romantische Fotos ...
... auf dem Drachenfels oder vorm Dom machen die meist jungen Zwangsarbeiter, um ihren Familien nicht zu zeigen, wie schlecht es ihnen in Köln geht.

Dreistöckige Pritschen ...
... machen den Kongresssaal der Messe zum Schlafsaal für mehrere Hundert Häftlinge.

Die Juden-Deportation ...
... beginnt in Köln im Oktober 1941. Alle müssen auf ihr Vermögen verzichten.

21 tote Häftlinge ...
... gibt es beim Bombenangriff am 14. Oktober 1944. Das Messelager wird aufgelöst.

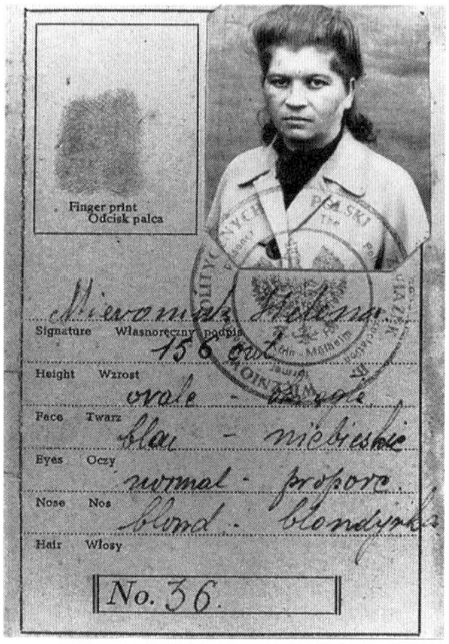
Finger print
Odcisk palca
Signature Własnoręczny podpis
Height Wzrost 156 cm
Face Twarz ovale
Eyes Oczy blau - niebieskie
Nose Nos normal - proporc.
Hair Włosy blond - blondynka
No. 36.

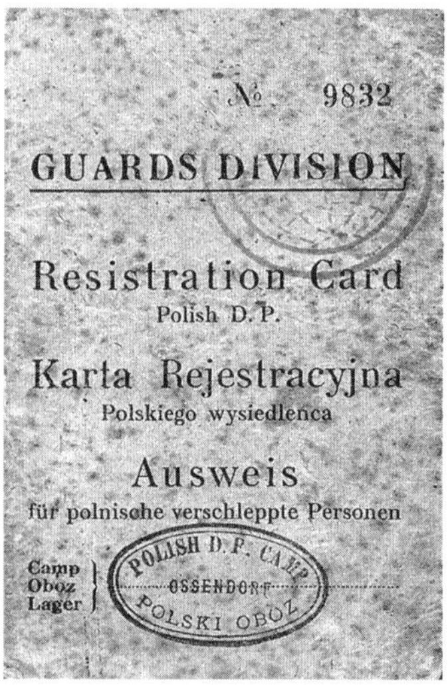
№ 9832
GUARDS DIVISION
Resistration Card
Polish D. P.
Karta Rejestracyjna
Polskiego wysiedlenca
Ausweis
für polnische verschleppte Personen
Camp Obóz Lager
POLISH D. P. CAMP OSSENDORF POLSKI OBÓZ

Zwangsarbeiterausweis ausgefüllt in Deutsch und Polnisch

Er bekam eine Spritze und starb ...

Die Zustände im KZ-Kommando waren auch außerhalb des Lagers bekannt. Auszüge aus Erinnerungen daran:

»Wenn wir die Pritschen verlassen haben, wenn dem Aufseher das nicht gefallen hat, dann hat er das Tischbein genommen und geschlagen. Wir wurden vom Recht nicht geschützt, und wenn jemand betrunken war, hat er immer das Recht gehabt, jemanden zu töten oder zu schlagen.«

Arkadiusz Lipka-Kadaj, Häftling im Messelager

»Als ein Jude vor Zusammenstellung des Transports (in ein anderes Lager, die Red.) zu fliehen versuchte, wurde auf ihn geschossen. Wer der Schütze war, weiß ich nicht. Der Jude wurde schwer verletzt und dann von Häftlingen ins Lager getragen, wo er vom Revier-Kapo eine Spritze erhielt und starb.« *Josef T., Häftling*

»In Köln mussten wir die Bomben rausgraben, die noch nicht explodiert waren ... Wir haben also diese Bombe gefunden. Wir haben uns ausgeruht, und nach zehn Minuten ist die Bombe explodiert. Alle waren tot, auch der Vorarbeiter und der SS-Posten. Der SS-Posten hat in einem Abstand zu denen gestanden, aber vielleicht war er neugierig und hat in den Graben geguckt, und die Welle hat ihm den Kopf abgeschnitten, der lag fünfzig Meter weiter.«

Pawel Potockij, polnischer Häftling im Messelager

»Die Bevölkerung von Köln, meist Frauen, hatte selbst nicht viel zu essen, aber man hat uns Häftlingen in gestreifter Kleidung stets geholfen. Dies war streng verboten, und die SS-Wachmänner hätten schießen können.«

Wladimir Sploditel, Häftling im Messelager

IN KÖLN HÄNGT JESUS VOR DEM HAKENKREUZ

Der Himmel ist bedeckt, grau und gar nicht sommerlich an diesem Junitag im Jahr 1937. Gläubige Katholiken stehen mit Hut und Mantel vor dem Dom und frösteln in der Morgenkühle. Nur den Jungs, die vor ihnen in kurzen Hosen und dünnem, weißem Hemd paradieren, ist nicht kalt. Sie schwenken große Fahnen, marschieren im Gleichschritt an der Südseite der Kathedrale vorbei in Richtung Hohe Straße. Fronleichnam in Köln. Eine Prozession mit Militärcharakter.

Die Kirche gehört dazu. Zu dieser Zeit. Zum braunen Alltag.

Georg Fritze steht mit grimmigem Gesicht auf seinem Gefechtsstand. Von der Kanzel der Kartäuserkirche feuert er Wortsalven gegen die Nazis. Fritze, der »rote Pfarrer«, wie sie ihn nennen in der Stadt, SPD-Mitglied und Hitler-Gegner, gehört zur Minderheit der protestantischen Pfar-

Der Seitenaltar der Antoniterkirche im Jahr 1935: oben steht das Christenkreuz, vorne hängt das Hakenkreuz.

21. Juni 1942: Nazi-Gegner Josef Frings (links) begrüßt zu seiner Amtseinführung als Erzbischof 20 000 Gläubige.

rer, die sich dem von ihrer Kirche geforderten Treueeid auf Adolf Hitler verweigerten. Im Oktober 1938 wird er, 64-jährig, in den Ruhestand versetzt, stirbt vor Gram wenig später. Hitler steht seinen Vorgesetzten näher …

21. Juni 1942. Auf dem Balkon des Erzbischöflichen Palais steht ein hagerer Mann, lächelt freundlich und selbstbewusst. Josef Frings heißt er und ist seit heute Erzbischof von Köln. Sein Vorgänger Karl Joseph Kardinal Schulte hatte auch immer gelächelt – aber eher scheu und zurückhaltend, wenn es um die Nazis ging. Frings ist anders. Er ist ein Kämpfer.

In vielen Hirtenbriefen und Predigten greift er die braunen Machthaber an, nennt die Judenverfolgung ganz offen »himmelschreiendes Unrecht«. Sein Priesterseminar in Bonn stellt er Juden als Versteck zur Verfügung. Frings gegen Hitler. Aber der Kirchen-Kämpfer kommt zu spät.

Und die evangelische Reichskirche? Sie ist nach dem Führerprinzip aufgebaut. In Köln gibt es nur wenig und sehr verhaltenen Widerstand gegen die Nazis. Hans Encke von der Gemeinde Riehl ist ein NS-Gegner. Aber auch er und einige wenige Gleichgesinnte der »Bekennenden Kirche« können nur wenig ausrichten.

Köln hat 570 000 katholische und 150 000 evangelische Einwohner. Das sind zusammen 95 Prozent der Stadtbewohner. Evangelische Christen nehmen es hin, dass oben auf dem Altar das Christenkreuz steht, vorm Altar das Hakenkreuz hängt. Lassen vorm Gemeindezentrum das Nazi-Banner wehen, scheuen Solidarität mit Unterdrückten und Verfolgten anderen Glaubens.

Machtdemonstration der Kirche: Abschluss der Bonifatiuswallfahrt 1937 im Kölner Dom.

Das evangelische Gemeindehaus in Bayenthal wurde 1934 mit der Hakenkreuzfahne eingeweiht.

Es gibt Massenveranstaltungen, die den Nazis die Loyalität der Gläubigen zur Kirche zeigen sollen. 1935 kommen 35 000 Wallfahrer zur Kalker Gnadenkapelle, 1937 steht die katholische Jugend eng an eng im Dom zum Abschluss der Bonifatius-Wallfahrt. Aber Widerstand? Wenig.

Am 28. März 1936 lassen sich Adolf Hitler, Joseph Goebbels und Rudolf Heß im Gürzenich feiern – als »Befreier des Rheinlands«, obwohl niemand vorher das Rheinland unterdrückt hatte. Einer derer, die Hitler begrüßen, ist Kardinal Schulte: Er huldigt den – so sagt er wörtlich – »berufenen Waffenträgern unseres Volkes mit ergriffener Seele«. Im Nachhinein wird das so interpretiert, dass Schulte damit die Wehrmachtssoldaten und nicht die Partei meinte. Aber reicht solche Feinsinnigkeit als Widerstand?

Augustinerinnen (Severinstraße), Vinzentinerinnen (Nippes) werden verfolgt, Ordensbrüder als Homosexuelle verleumdet. Josef Spieker ist der erste katholische Priester Kölns, der ins KZ kommt, Klöster und Orden werden enteignet. Die Nazis haben in Köln den Glauben entmachtet.

Nazi-Spitzel sind sogar in den Kirchen

Das »nationalsozialistische Morgengebet«, das einige Kölner Lehrer in den Klassen aufsagen ließen:
»Wir sind die fröhliche Hitlerjugend, wir brauchen keine christliche Tugend, denn unser Führer Adolf Hitler ist unser Erlöser, unser Mittler. Die Kirche kann mir gestohlen werden, das Hakenkreuz macht mich glücklich auf Erden.«

Der Katholik Hans Jüstel (geb. 1908) erinnert sich:
»Ich weiß von Teilnehmern an den Prozessionen, dass sie sich vor versteckten Kameraleuten fürchteten und eventuell zeitig in Deckung gingen. Es war uns ja lange bekannt, dass wir von der Partei bespitzelt und eingekreist wurden.«

Der Kölner Schriftsteller Heinrich Böll, 1939 bis 1945 als Infanterist im Kriegsdienst:
»Es gab da auch eine fast kirchenamtlich vertretene Parole, dass man in die Naziorganisationen eintreten solle, um sie ›von innen heraus zu christianisieren‹ ... Manche – ich glaube, auch unser Direktor – folgten dieser Parole, und mancher blieb dann nach dem Krieg bei der Entnazifizierung auf der Strecke ›Schnödigkeit‹ liegen.«

DAMALS

17 Millionen Exemplare ...
... hatte die Anti-Nazi-Broschüre der katholischen Kirche. Verantwortlich war u. a. Domvikar Josef Teusch.

Kölns Zeugen Jehovas
... werden ebenfalls von den Nazis verfolgt. Viele sterben im KZ – Zahlen gibt es nicht.

Verboten für Gläubige
... ist die Ausgabe Nr. 52 der »Katholischen Kirchenzeitung«. Sie wird am 21. Dezember 1935 von der Gestapo beschlagnahmt.

Angst vor Zerstörung
... ist der Grund für den Ausbau der mittelalterlichen Domfenster am 22. Februar 1940. Viele werden in der Eifel sicher eingelagert.

Offen und ohne Angst
... predigt Kölns Erzbischof Josef Frings am 19. März 1944 in einer Kölner Kirche. Thema: die Rechtswillkür der Nazis.

Bewunderer des Doms
... ist Adolf Hitler. Im März 1936 besichtigt er begeistert ein Modell der Kathedrale.

Erste Messe nach zwei Jahren
... Pause: Im Dom hält ein US-Armee- Geistlicher am 11. März 1945 eine Predigt.

Die Kölnerin Maria Heinrich, deren Bruder von der Gestapo verhört worden war:
»Ich habe damals zu meinem Bruder immer gesagt: Sei still und sage nichts, womit sie dir was anhaben können, denn du hast gar keine Unterstützung, auch nicht von den Bischöfen.«

Der Kölner Pastor Ulrich Bergfried erinnert sich:
»So erschien bald allsonntäglich vor der Kartäuserkirche ein NS-Aufpasser (natürlich in Zivil), sah sich die Gottesdienstbesucher sehr genau an und zählte sie mit einem Taschenzähler. Er sollte unsere Gottesdienstbesucher verunsichern. Bei einem kleinen Teil ist ihm das auch gelungen.«

Karl Joseph Kardinal Schulte anlässlich des Köln-Besuchs von Hitler im März 1936:
»In den denkwürdigen Stunden, da die Wehrmacht des Reiches wiederum als Hüterin des Friedens und der Ordnung in das deutsche Rheinland Einzug hält, begrüße ich die berufenen Waffenträger unseres Volkes mit ergriffener Seele und eingedenk des erhabenen Beispiels opferbereiter Vaterlandsliebe, ernster Manneszucht und aufrechter Gottesfurcht, das unser Heer von jeher der Welt gegeben hat.«

Edith Stein wird im KZ mit Gas ermordet

Die Philosophin und Karmeliterin Edith Stein legt am 21. April 1938 im Kloster Köln-Lindenthal unter dem Namen Teresia Benedicta a Cruce die »ewigen Gelübde« ab. Da sie jüdischer Abstammung ist, schwebt sie selbst in der Abgeschiedenheit des Klosters in Gefahr. Nach der »Kristallnacht« am 9. November 1938 siedelt sie ins Kloster von Echt (Niederlande) über. Am 2. August 1942 wird sie hier von den Nazis verhaftet und ins KZ von Auschwitz gebracht, eine Woche später in der Gaskammer ermordet.
Am 11. Oktober 1998 spricht Papst Johannes Paul II. die Ordensfrau heilig.

DIE NAZIS WOLLEN ADENAUER IM KZ TÖTEN

Der Mann im schwarzen Mantel, der in Dortmund in den Zug nach Berlin steigt, sieht übernächtigt aus. Müde, erschöpft. Aber seine Augen sind hellwach. Seine Haltung straff, sein Gang energisch. Ein Mann auf der Flucht. Konrad Adenauer hat sich am frühen Morgen des 13. März 1933, um sieben Uhr, aus seinem Haus an der Max-Bruch-Straße geschlichen, um seiner Demütigung zu entgehen: Der Oberbürgermeister von Köln sollte an diesem Montagmorgen abgesetzt und anschließend verhaftet und als Gefangener durch die Stadt getrieben werden.

Dr. Günter Riesen war Adenauers Nachfolger im Rathaus bis 1936.

Wenige Minuten vor elf Uhr wird die Hakenkreuzfahne auf dem Rathausturm gehisst – die Nazis marschieren auf. Während Adenauers Nachfolger Dr. Günter Riesen strahlt, sitzt der Ex-OB im Auto von Bankier Robert Pferdmenges, seinem Freund, und denkt darüber nach, was er in Berlin mit Nazi-Innenminister Hermann Göring besprechen will.

Aber Adenauer, der Hitler immer wieder brüskiert hat, der ahnt, dass die Nationalsozialisten Unheil über die Stadt, über ganz Deutschland bringen, hat die Lage falsch eingeschätzt. Noch drei Monate vor seiner Vertreibung aus dem braunen Köln hat er Göring als preußischen Ministerpräsidenten vorgeschlagen. Auch jetzt glaubt er noch, mit den Nazis reden zu können. Dabei ist alles schon zu spät.

Am 17. Februar 1933 weigerte sich der Kölner, Hitler auf dem Flughafen Butzweilerhof zu empfangen, verbot die Beflaggung anlässlich des Besuchs, ließ alle Hakenkreuz-

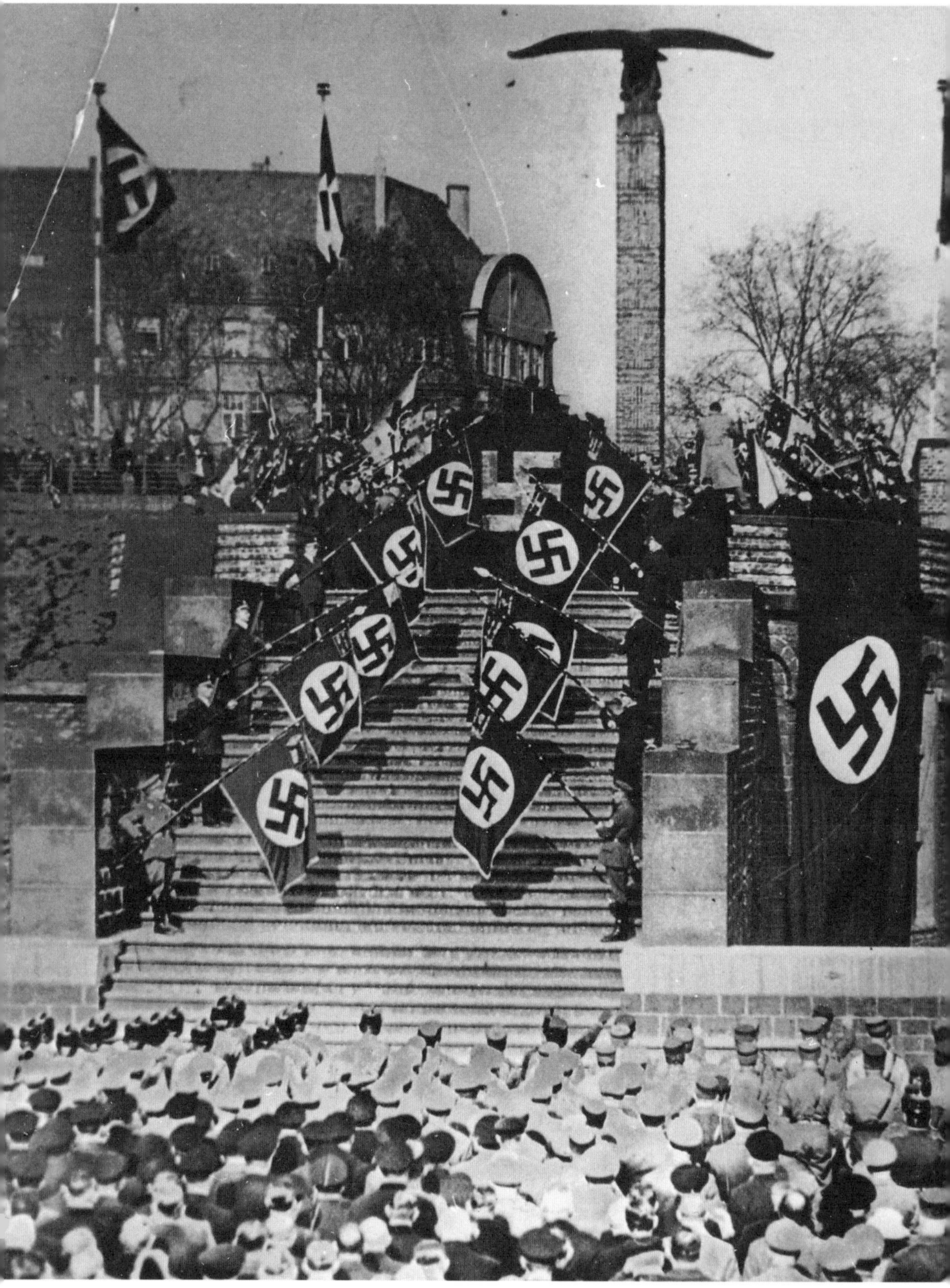

Wehrmachts-Parade 1936: Das Hakenkreuz regiert Köln. Überall finden Aufmärsche statt, am Aachener Weiher entsteht das »Maifeld«.

1945: Konrad Adenauer vor dem Messeturm. In diesem Kölner KZ-Außenlager war er inhaftiert.

fahnen an der Deutzer Brücke entfernen. Jetzt ist er als »Verbrecher« abgestempelt, darf seine Heimatstadt Köln nicht mehr betreten.

Im August 1944 betritt er wieder Kölner Boden – als Häftling im Messelager Deutz. In Buchenwald soll er umgebracht werden. Er entkommt mit einer List (angeblich ist er schwer krank, macht er den Nazis weis), wird wieder verhaftet und im Gestapo-Gefängnis Brauweiler verhört. Am 26. November 1944 erwirkt sein Sohn Max die Freilassung, am 4. Mai 1945 wird Adenauer, 69 Jahre alt, wieder Oberbürgermeister von Köln – von den Briten eingesetzt. Die ihn am 6. Oktober 1945 wieder entlassen – ihrer Ansicht nach hat er bei der Bewältigung der Notlage Kölns versagt.

Am 15. September 1949 die späte Genugtuung für den Kölner Politiker: Konrad Adenauer ist der erste Bundeskanzler der Bundesrepublik Deutschland.

Adenauer war nazifeindlicher Politiker, kein Widerstandskämpfer. Er floh vor den Nazis aus Köln – aber er war kein Feigling. Er war Opfer der Nazis – und seiner eigenen Fehleinschätzung, dass mit den Machthabern zu verhandeln, zu reden sei.

Lieutenant Colonel John K. Patterson, US-Militärgouverneur von Köln, am 5. Mai 1945 über den neuen, alten Oberbürgermeister Konrad Adenauer: »Nach der Machtergreifung durch die Nazis waren er und seine Familie ständiger Verfolgung ausgesetzt. Heute erfreut er sich im Rheinland größerer Beliebtheit als jeder andere Deutsche. Er ist charakterstark, vertritt klare Meinungen und besitzt einen schnellen und scharfen Verstand.«

DAMALS

»Tag der Arbeit« ...
... am 1. Mai kennen wir heute noch. Bestimmt wird er als »Tag der nationalen Arbeit« 1933 von den Nazis, an den ersten Aufmärschen nehmen über 400 000 Kölner teil.

»Kraft durch Freude« ...
... heißt die NS-Freizeitorganisation. Auch Willy Millowitsch geht für diese Einrichtung auf große Tournee.

»Dionysos-Mosaik« ...
... am Dom in den Resten einer römischen Villa gefunden – im Mai 1941 bei Arbeiten für einen Luftschutzkeller südlich des Doms.

»Wie einst Lili Marleen«...
... singt Lale Andersen am 14. Januar 1942 im Gürzenich. Die Kölner jubeln – fünf Monate später liegt die Stadt in Schutt und Asche.

»Aktion Gewitter« ...
... ist im August 1944 Deckname für die Verhaftungswelle nach dem Attentat auf Hitler. Auch Adenauer kommt dabei ins Kölner KZ.

»Kommando Kütter« ...
... ist der Name der brutalen Foltertruppe im Gestapo-Gefängnis Brauweiler, in dem Adenauer einsitzt.

»Keine Experimente« ...
... warnt Adenauer davor, Köln mit Alt-Nazis wieder aufzubauen. Trotzdem arbeitet er mit ihnen zusammen in der Nachkriegs-Politik.

Dieser Verstand hat ihn einmal getäuscht und folgenreich im Stich gelassen – als er die braune Gefahr unterschätzte.

Ein Kölner Schicksal.

Das Böse hat wirklich Macht ...

»Zwischendurch warteten die Nazihäuptlinge im Rathaus zu Köln, um ihn vom Balkon aus dem Volk zu präsentieren und seinen Nachfolger auszurufen. Ein Häuptling erster Klasse suchte persönlich den Hauptbahnhof ab, um den verschwundenen Adenauer zu finden – vergebens.«

Peter Joseph Schaeven über den 13. März 1933

»Ich war heute bei Göring und bin mit dem Ergebnis der Aussprache nicht unzufrieden. Wann ich wieder nach Köln zurückkomme, weiß ich noch nicht, vielleicht Ende nächster Woche ...«

Konrad Adenauer am 16. März 1933 in einem Brief an Ella Schmittmann

»Gleich bei der Einlieferung wurden ihm seine Armbanduhr, sein Ehering, seine Krawatte, Hosenträger usw. abgenommen. Die Verpflegung spottet jeder Beschreibung ... Sie müssen auf Strohsäcken schlafen, wobei sie ständig von Wanzen und Flöhen gequält werden. In der letzten Nacht hatte Dr. Adenauer über 50 solcher Ungeziefer getötet.«

Dr. Franz-Rudolph v. Weiss, Schweizer Generalkonsul, am 31. Oktober 1944 über Adenauers Haft im Messelager

Die Reihen fest geschlossen – Köln ist in Nazi-Hand: Hitler am 28. März 1936 vor dem Gürzenich

»Ich bat, davon abzusehen, mich zum Oberbürgermeister zu machen. Ich hätte drei Söhne an der deutschen Front; sie würden sicher von den Nazis erschossen werden, wenn bekannt würde, dass ich von den Amerikanern zum Oberbürgermeister von Köln ernannt sei; ich sei aber bereit, nach besten Kräften zu helfen.«

Konrad Adenauer über seine ersten Gespräche mit den Alliierten im März 1945

»Sehen Sie, damals ist mir wie nie zuvor klar geworden, daß es doch einen Teufel gibt, daß das Böse wirklich Macht hat.«

Konrad Adenauer 15 Jahre nach Kriegsende zu einem US-Reporter über die Zeit der Gestapo-Haft in Brauweiler

»Nun sperren sie mich alten Mann ins Gefängnis …«

Adenauer im April 1967 im Delirium auf dem Totenbett

EDELWEISSPIRATEN STRANDEN IN DER FOLTERKAMMER

Das El-De-Haus, Gestapo-Zentrale Kölns, liegt mitten in der Stadt, am Appellhofplatz. Im Keller wird gefoltert, werden Häftlinge erschossen. Im Hinterhof steht der Galgen, einsehbar von allen Seiten.

Auch am Bahndamm der Hüttenstraße in Ehrenfeld steht ein Galgen. Am 25. Oktober 1944 hängen hier elf ausländische, am 10. November 1944 sind es 13 deutsche Mitglieder der Widerstandsgruppe »Edelweißpiraten«.

Direkt nach der Machtübernahme werden Juden durch Kölns Straßen getrieben, in der »Kristallnacht« am 9. November 1938 werden Wohnungen und Geschäfte geplündert, alle Synagogen der Stadt angezündet. Der Terror hat ein Gesicht. Warum schaut niemand hinein? Warum will aber zwölf Jahre später, nach dem Ende des Dritten Reichs, jeder gesehen haben, wie hässlich diese Fratze ist?

Widerstand in Köln – er ist gering. Und lebensgefährlich. Heinrich Richter und Theodor Babilon vom Kolpingwerk haben Kontakt zu Nazi-Gegnern. Am 15. August 1944 werden sie verhaftet, verschwinden spurlos. Sterben im KZ.

Seit 1937 gibt es in Köln Jugendgruppen, die gegen den nationalsozialistischen Zwang opponieren. Die bekannteste: die »Edelweißpiraten«. Wut und Mut einen die jungen NS-Gegner, die sabotieren, provozieren – und sterben.

Erich Sander, Kölner Fotograf und Leiter der Sozialistischen Arbeiterpartei (SAP). Er baut ein Verteilernetz für verbotene Anti-Nazi-Schriften auf, wird im Sommer 1934 verhaftet, zu zehn Jahren Zuchthaus verurteilt. Kurz vor der Entlassung stirbt er 1944 in der Gefängniszelle.

Getarnter Protest

Harmlose Kochbücher, Erste-Hilfe-Leitfäden und Philosophie-Broschüren – in Wirklichkeit sind es Aufklärungsschriften des Widerstands gegen die Nazis. Wer damit erwischt wird, riskiert den Tod.

Wut, Mut, Widerstand: junge Kölner Edelweißpiraten 1943 im Beethovenpark.

Die winzigen Einmann-Zellen
waren mit bis zu zwanzig
Häftlingen überfüllt.

Willi Komorowski, Gewerkschafter und Sozialdemokrat, tritt in die NSDAP ein, um interne Informationen für den Widerstand zu bekommen. Er wird enttarnt, zu zehn Jahren Zuchthaus verurteilt. Sitzt in Siegburg ein – wie Sander. 1945 wird Komorowski befreit – und von den Amerikanern zum Gefängnisdirektor ernannt.

Widerstands-Schicksale.

»Nirgendwo«, behauptet Konrad Adenauer 1946, »ist dem Nationalsozialismus so offener und seit 1933 so viel geistiger Widerstand geleistet worden.« Er meint tatsächlich Köln, wo der Karnevalist Willi Ostermann NS-Parteigenosse ist, Willy Millowitsch für Frohsinn bei »Kraft durch Freude« sorgt, wo die »Arier« in der Messehalle Schlange stehen, um Hausrat deportierter Juden zu kaufen. Ganz Köln im Widerstand? Eine Legende, die diejenigen verhöhnt, die ihr Leben ließen.

»Trage den Schlag wie ein Mann, damit ich nach dem Tode noch stolz auf Dich sein kann wie ich es im Leben auch gewesen bin«, schreibt Otto Kropp im Mai 1937 an seinen Vater. Kropp, der als Widerstandskämpfer in Köln denunziert und verhaftet wird, stirbt am Galgen.

Der Kölner SPD-Politiker Mathias Nießen wird von Israel als »Gerechter der Völker« ausgezeichnet. Er will in den 40er Jahren den jüdischen Arzt Dr. Grüneberg gerettet haben. Auch eine Form von Widerstand. 1987 gesteht Nießen vor Gericht: alles erfunden. Eine Widerstands-Lüge wie so viele in Köln.

Im El-De-Haus werden die echten Widerständler, die Jungs der bündischen Jugend, der Schwarzen Front, Einzelkämpfer und Gruppen-Angehörige, aufrechte Menschen gefoltert. Viele sterben. Aber letztlich sind es nur wenige, gemessen an der schweigenden Mehrheit. Hitler rennt in Köln offene Türen ein.

Der Galgen an der Hüttenstraße: Hier erhängten die Nazis öffentlich ihre Gegner. Das Foto zeigt die Hinrichtung von fünf sowjetischen und einem kroatischen Zwangsarbeiter sowie von fünf Männern unbekannter Nationalität. Vor der Exekution gab es weder Gerichtsverfahren noch ein Urteil.

Ein Friedhof für Hingerichtete

Das Nazi-Morden in Köln hatte schon früh System: Im Sommer 1935 zieht die Geheime Staatspolizei (Gestapo) in das von dem Kölner Kaufmann Leopold Dahmen gebaute El-De-Haus, richtet im Keller zehn Gefängniszellen ein. Auf dem Kölner Westfriedhof wird eigens ein Teil für die Hingerichteten angelegt. Mehr als 750 Opfer, meist ohne Prozess Exekutierte, sind hier bestattet.

»40 Leute wurden schon gehängt«

»Dat wor e schwer Stöck Arbeit in der kostbare freie Zick vun nem Rentner. Äver ich wollt doch, dat unser Nachkumme nit meine däte, in Kölle wören ›se‹ schon immer all ›dojäje‹ gewäse. Mer kunnt sich jo noh 1945 kaum vor all dänne rette, die nie dobei gewäse sin wollte, und vor dänne, die schon immer dojäje gewäse sin wollte.«

E. Kr. (Jg. 1914) in einem Buch, das im El-De-Haus ausliegt

»Hier bei der Gestapo haben zwei Freunde gesessen aus dem Lager Messe seit dem 24.12.44, Kurow Askold und Gaidai Wladimir, jetzt ist schon der 3.2., 40 Leute wurden gehängt. Wir haben schon 43 Tage gesessen, das Verhör geht zu Ende, jetzt sind wir mit dem Galgen an der Reihe. Ich bitte diejenigen, die uns kennen, unseren Kameraden auszurichten, daß auch wir in diesen Folterkammern umgekommen sind. Heute ist der 4.2.45, 5.2., 6.2., 8.2.45, 9.2., 10.2.

Sätze von Askold Kurow in Zelle 1 des El-De-Hauses. Der Zwangsarbeiter arbeitete mit Widerständlern zusammen.

Hilfeschrei: Von Hans Weinsheimer aus Poll stammt die einzige, erhalten gebliebene Inschrift im Tiefkeller.

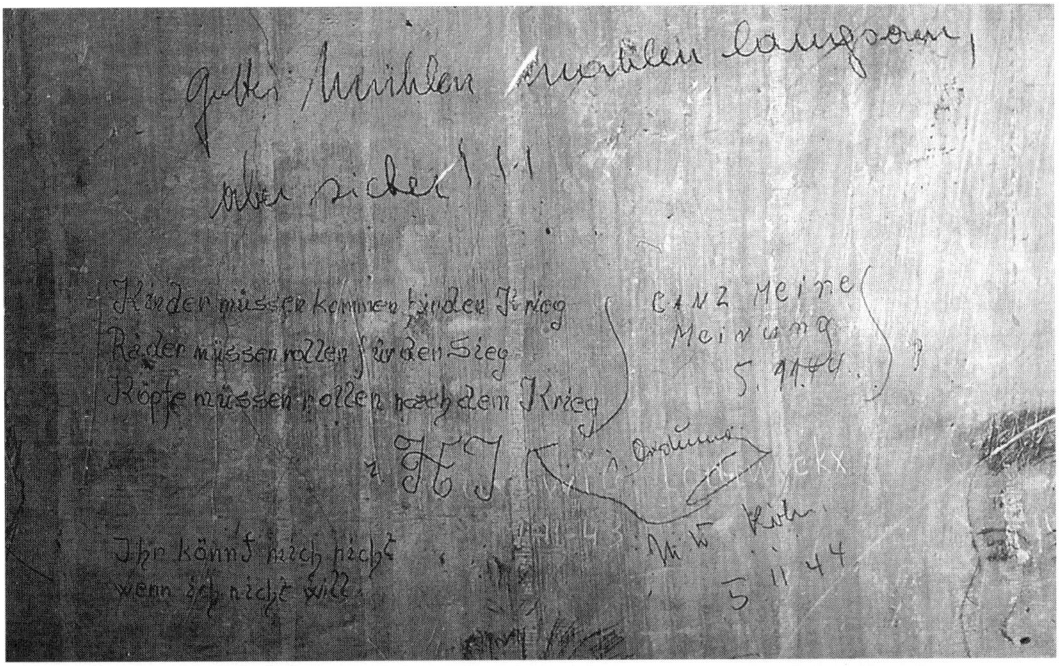

Über 2000 Inschriften und Zeichnungen hinterließen die Häftlinge in den Folterkellern des El-De-Hauses.

»Der Exekutionsplatz (zwischen Schwalbengasse und Elisenstraße, die Red.) konnte von der Straße durch Passanten eingesehen werden. Ich konnte das Richtgerät mit drei exekutierten Leichen erkennen. Sie hingen leblos an ihren Stricken. ... Im Hofraum des Hauses 21 lagerte eine große Anzahl von Leichen, die man frisch vom Galgen abgenommen hatte. ... Es wurde bemerkt, daß der Körper eines exekutierten Mädchens sich noch bewegte. Daraufhin zog ein uniformierter Gestapomann seine Pistole und versetzte dem Mädchen einen Genickschuß.«

Augenzeugin Wilhelmine Högens 1967 in einem Prozess

»Ein SS-Mann nahm mich in Empfang und sagte: ›Na, warum bist du denn hier? Du bist sicher auch unschuldig.‹ Als ich dann sagte: ›Ich weiß nicht, was ich getan haben soll‹, bekam ich einen Tritt und flog die Kellertreppe runter. Neben mir wusch sich ein Mann, er war blutüberströmt. Den hatten die also gerade ›in Behandlung‹ gehabt.«

Jean Jülich, Widerstandskämpfer der Edelweißpiraten

KÖLNER KINDER LERNEN: GEHORSAM ODER TOD

Propaganda-Terror – Kinder werden auf Hitler eingeschworen

Kinder für den Krieg

Mit paramilitärischen Übungen bereiten die Kölner HJ-Gliederungen (Kameradschaft, Schar, Gefolgschaft, Unterbann, Bann) und Jungvolk (Jungenschaft, Jungzug, Fähnlein, Stamm, Jungbann) Kinder auf den Krieg vor. Es kommt nach Kriegsbeginn vermehrt zu blutigen Auseinandersetzungen mit Widerstands-Jugendlichen.

Antreten in der Lern-Kaserne: Jeden Morgen stehen Kölner Kinder in Reih und Glied auf dem Schulhof stramm, die Hakenkreuzfahne wird gehisst. Privates Schulwesen gibt es nicht mehr im Köln des Jahres 1939, die rund 155 konfessionellen Schulen sind jetzt »Deutsche Volksschulen«.

Gleichschaltung von Kindesbeinen an. Nazi-Zwang. Im Gürzenich marschieren Kinder auf. Uniformzwang. Hitler-Jugend (HJ) und Bund Deutscher Mädel (BDM) geben den Ton an – »Staatsjugend« heißen die Kleinen ab dem 10. Lebensjahr, bis ins Erwachsenenalter werden sie von Nazi-Gedanken erzogen.

Die »Gleichschaltung« in Köln vollzieht sich reibungslos. Denunziation ist alltäglich: Angezeigt wird, wer nicht den Arm zum Hitlergruß hebt, wer nicht flaggt, wer am Eintopfsonntag einen Braten brät. Nachbarn verraten Nachbarn, Kinder ihre Eltern, jeder ist jedermanns Feind. Wem soll man trauen?

Die Pressefreiheit wird niedergeknüppelt. Am 28. Februar 1933 schließen die Nazis die »Rheinische Zeitung«, das SPD-Blatt wird vom NS-Hetzblatt »Westdeutscher Beobachter« übernommen. Auch der Verlag DuMont Schauberg gerät ins Wanken: »Stadt-Anzeiger« und »Kölnische Zeitung« werden vom »Westdeutschen Beobachter« mit Dumpingpreisen in die Knie gezwungen, die

1936: Auf dem Hof der Volksschule Severinswall wird feierlich die Hakenkreuzflagge gehisst. In vielen Schulen wird das Kreuz aus den Klassen entfernt und durch ein Hitler-Porträt ersetzt.

Abonnenten eingeschüchtert. Im September 1933 legt der Verlag beide Zeitungen zusammen – die gemeinsame Auflage war von 170 000 auf 65 000 gesunken. Am 31. Mai 1941 wird auch die »Kölnische Volkszeitung« eingestellt, die Nazis haben jetzt das Informations-Monopol.

Vernunftfreie Zone Köln.

Kölns Sportler siegen nur noch für den Führer. Radsportler Toni Merkens holt Gold im 1000-m-Malfahren bei den Olympischen Spielen 1936 in Berlin, ASV-Hochspringer Gustav Weinkötz ist dabei, ASV-Mitbegründer Fritz Nottbrock initiiert das ASV-Sportfest am 24. August 1936. Schwitzen für Deutschland – in jeder Disziplin. Albert Richter ist Radsport-Profi – und Nazi-Gegner. Der Sprint-Weltmeister von 1933 wird wegen angeblichen Devisenschmuggels am 2. Januar 1940 verhaftet, einen Tag später begeht er angeblich Selbstmord. Er wurde denunziert. NS-Opfer.

Am 8. April 1934 gab es die »Hitler-Jugend-Tagung« im Kölner Gürzenich. 1936 wurde die Hitler-Jugend per Gesetz zur Organisation für »körperlich-geistige und sittliche Erziehung« erklärt.

Die Machtergreifung ist gerade mal drei Monate her, als die »Organisation der Buchhändler in Köln« am 10. Mai 1176 Bücher verbrennt, die »das Anstandsgefühl verletzen«. Am 17. Mai lodert der Scheiterhaufen deutscher Kultur vor der Uni an der Claudiusstraße: Studenten haben »undeutsche Schriften« aufgetürmt, anwesend sind Rektor, Professoren – und viele Kölner Bürger, die johlend »Heil Hitler« rufen. Die Kölner Uni hat sich übrigens schon am 11. April 1933, also vor der reichsweiten Gleichschaltung, selbst gleichgeschaltet, den alten Rektor abgesetzt und den Pathologen und NSDAP-Vertrauensmann Professor Leupold an die Spitze gehievt.

2500 Vereine und Verbände in Köln haben die Wahl zwischen Verbot und Anpassung. Die dritte Möglichkeit – Widerstand – ist gefährlich. Wer sich außerhalb der Volksgemeinschaft stellt, begibt sich in die Nähe des Nazi-Galgens.

Sogar das urkölsche Hänneschen-Theater macht mit. Es ist Lockvogel für viele Kinder, die in HJ und BDM eintreten – mit freiem Eintritt...

DAMALS

Nazis schalten auch die Kunst gleich

Eine Kommission nationalsozialistischer »Kunstkenner« sieht sich am 6. Juli 1937 im Wallraf-Richartz-Museum um – und beschlagnahmt so genannte »entartete Kunst«.

»Frau, Hüterin deutscher Zukunft«

»Gesunde Frau« heißt eine Kölner Ausstellung im September 1933. In der Sonderschau »Die Frau, die Hüterin der deutschen Zukunft« wird betont, dass die Frauenrolle darin liegt, liebevolle Gattin, Hausfrau – und vor allem gebärfreudige Mutter zu sein.

Kölner Bürgermeister ein Wendehals

Richard Schaller, seit 1933 Kölner Bürgermeister, war bis 1923 Mitglied der Kommunistischen Partei. Den sozialen Aufstieg schafft der Bauarbeiter durch die NSDAP, sitzt seit 1930 sogar im Reichstag, ist auch Stellvertreter des gefürchteten Gauleiters Josef Grohé.

Bücherverbrennung vor der Kölner Universität

Lückenlose Kontrolle von Kindheit und Jugend

Als Jugendabteilung der SA wird die Hitler-Jugend (HJ) 1926 gegründet, seit 1933 ist sie eine eigenständige Organisation. Jungen ab zehn Jahren sind im Jungvolk, Mädchen bei den Jungmädels. Ab 14 Jahren sind sie in der straffen Organisation automatisch Mitglieder von Hitler-Jugend und Bund Deutscher Mädel (BDM), danach als junge Erwachsene im Reichsarbeitsdienst, wo sie unentgeltlich in Landwirtschaft, Industrie und sozialem Bereich eingesetzt werden.

In Köln gibt es die HJ bereits seit 1927, 1930 hat sie noch 70 Mitglieder, ein Jahr später sind im Gau Köln-Aachen schon 2000 junge Menschen in der Partei-Nachwuchsorganisation registriert.

Die Hierarchie soll nicht nur die Unterordnung lehren, sondern auch den Ehrgeiz wecken, sich im Sinne der Nationalsozialisten kontinuierlich nach oben zu orientieren. Die Mitgliedschaft in der HJ ist der Grundstock für eine erwartete lebenslange Bindung an Nazi-Staat und Partei.

Mitglieder der HJ drangsalieren Gleichaltrige, die nicht beigetreten sind; sobald sie in Uniform sind, gilt es als strafbar, sie zu schlagen – nicht mal in Notwehr dürfen sich die Opfer der jungen Nazis wehren. Im Zuge der Gleichschaltung übernimmt die Kölner HJ auch das ehemalige Heim der Kölner Sozialistischen Arbeiterjugend an der Quentelstraße, weiht es am 29. April 1933 für die eigene Nutzung als Gauhaus ein.

Die »Rheinische Hitlerjugend« stimmt schon Kinder auf die bedingungslose Gefolgschaft Adolf Hitlers ein. Das Mitteilungsblatt »NS-Lehrerbund« lobt die »neue deutsche Jugend, Saat aus dem Blute unserer Toten«.

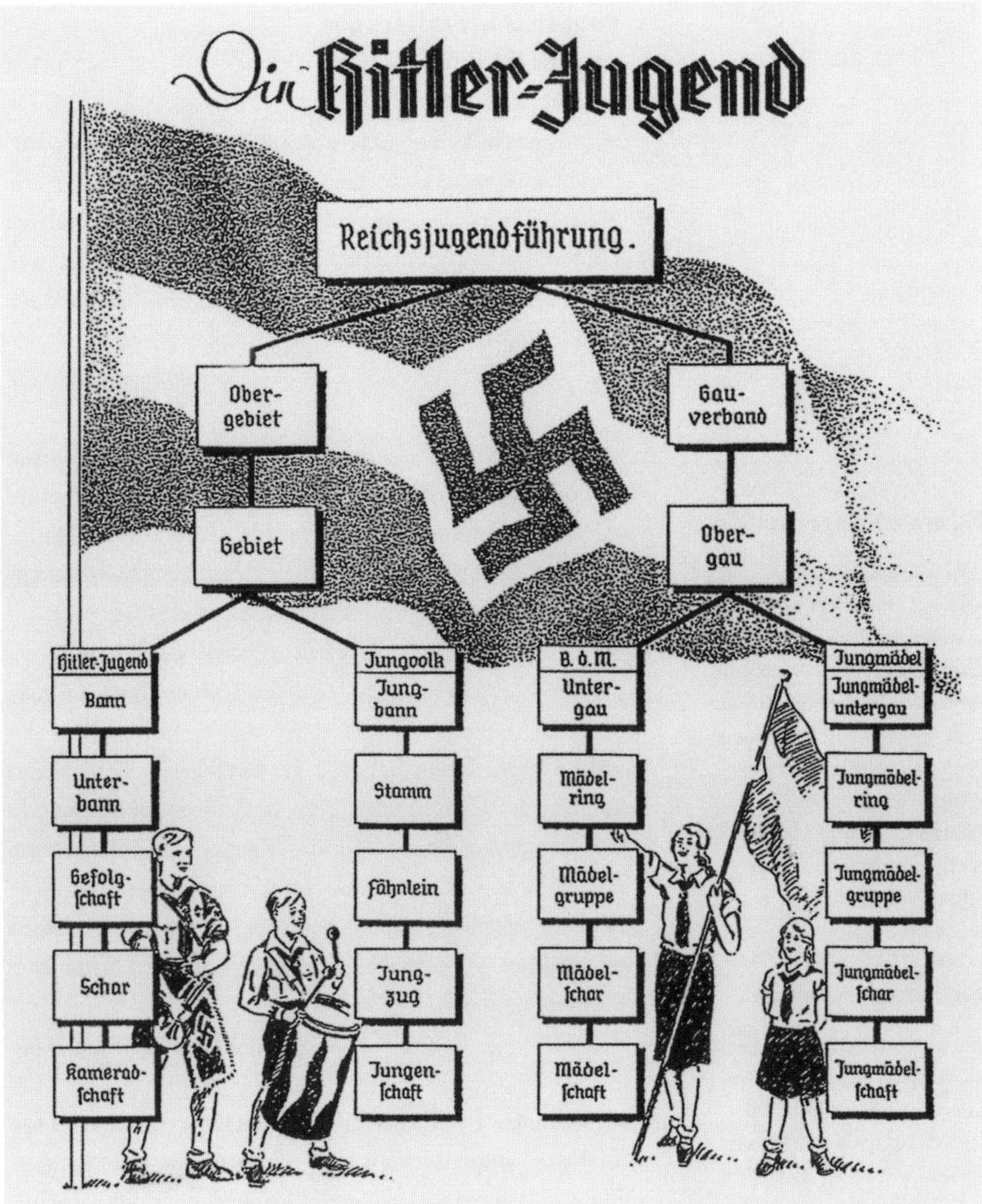

Aufbau von Hitler-Jugend (HJ)
und Bund Deutscher Mädel (BDM).

Polizeischutz rettete uns vor der HJ

»Einen nachhaltigen Eindruck hat bei mir der Besuch Hitlers im Domhotel hinterlassen. Zu uns grüßend, in ca. drei Meter Entfernung, war es mir möglich, den damaligen Führer des Großdeutschen Reichs zu sehen. Mir fiel auf, dass selbst hartgesottene SA-Männer ihr Taschentuch benutzten, was ihnen keiner übelnahm.«

Zeitzeugin H. M., Köln

»Liebe Mädel! Ich fordere Euch nun schon das 2. Mal auf, zu unserem Dienst zu kommen. Solltet Ihr wiederum dieser Aufforderung nicht Folge leisten, werde ich unverzüglich von unserer Dienststelle aus polizeiliche Zwangsmaßnahmen gegen Euch beantragen. Heil Hitler!«

Schreiben der Jungmädelführerin Becker (Mülheim) am 4. 6. 1943

»Als wir an einem Sonntag im Oktober nach dem Bekenntnisgottesdienst den Dom verlassen wollten, hatten sich vor den Ausgängen große Mengen von Hitlerjungen angesammelt, die uns bedrohten, einige sogar mit ihren Fahrtenmessern, und uns den Weg versperrten. ... Nach einiger Zeit wurden wir dann mit Polizeischutz aus dem Dom entlassen.«

Zeitzeugin Antoinette Waßer, Köln

»Ich bin nie in das Jungvolk oder die HJ eingetreten ... Ein SA-Mann unter unseren Lehrern verpasste mir Nachsitzen, weil ich beim Betreten eines jüdischen Süßwarengeschäfts gesehen worden war. ... Als ich später die Fahne einer HJ-Marschkolonne nicht grüßte, löste sich aus dem

Die erste Kriegsübung...

... findet in Köln schon zwei Wochen vor dem Einmarsch in Polen (1. September 1939) statt – es ist eine dreitägige Verdunkelungsübung im August. Bereits am 26. August 1939 bekommen Kölner Männer ihre Einberufungsbescheide, am 1. September schon werden 22 Kölner wegen Verdachts des Widerstands verhaftet.

Aus für Gewerkschaft

Am 1. Mai 1933 feiern die Nazis ihren »Tag der nationalen Arbeit«, am 2. Mai zerschlagen sie die Freien Gewerkschaften. Jetzt sind Arbeitnehmer und Arbeitgeber in der »Deutschen Arbeitsfront« (DAF) organisiert. Auf dem Gewerkschaftshaus an der Severinstraße weht die Hakenkreuzfahne, 50 Gewerkschafter sind in Gestapo-Haft.

Trupp auf Geheiß eines Vorgesetzten ein Junge und ohrfeigte mich links und rechts.«

Zeitzeuge J. B., Köln

»Es tauchten viele Bekannte in Braunhemden auf, von denen ich es nicht erwartet hatte. Studienrat B. schlug jetzt in SA-Uniform auf die Schüler ein, wenn sie nach Pausenschluss schwätzend in die Klassen gingen ... Auf dem Hohenstaufenring kamen mir Freunde in SA-Unform entgegen, ... Es bildete sich kein Kreis mehr um mich, um freiweg zu diskutieren. Nach Jahren noch zischte mich einer an: ›Ich brauch' nur ein Wort zu sagen, und du bist hier verschwunden.‹«

Zeitzeuge Kw. O., Kölner Student

DAMALS

Arbeitslose gehen in die Wehrmacht

16 045 Kölner sind 1938 als Arbeitslose registriert – vier Jahre zuvor waren es 60 005. Zur Senkung der Arbeitslosigkeit trägt auch die Einführung der allgemeinen Wehrpflicht im März 1935 bei: Tausende Männer werden so dem Arbeitsmarkt entzogen.

Jüdische Schulen werden geschlossen

Eine Volksschule, ein Reformrealgymnasium mit Realschule und Lyzeum und ein Lehrerseminar (Religionslehrer-Akademie): Die Nationalsozialisten schließen alle drei Kölner jüdischen Schulen an der St.-Apern-Straße.

Antisemitismus im Schulunterricht

»Der Giftpilz« heißt ein Kinderbuch, in dem Juden verächtlich gemacht werden. Auch im täglichen Unterricht wird »Rassenkunde« gelehrt, werden jüdische Mitschüler schikaniert, schließlich ganz vom Unterricht ausgeschlossen. Nur wenige Lehrer, zum Beispiel an der Oberschule am Hansaring oder dem Dreikönigsgymnasium, widerstehen der NS-Ideologie, bewahren ihre Schüler vor den schlimmsten Auswüchsen des Antisemitismus.

D'R HASS-ZOCH KÜTT

Nazi-Karneval – Menschenverachtender Frohsinn: Jecke lachen über die Judenvertreibung

»Die Fahne hoch, die Reihen fest geschlossen ...« Das Horst-Wessel-Lied der Nazis dröhnt aus Kölsch-geschmierten Kehlen, die Sänger, ordengeschmückt und

Das Dreigestirn 1938: Jungfrau Paula Zapf, Prinz Peter Herbert Schupp und Bauer Johannes Wiesbaum

1934 wissen die Kölner, dass die Juden vertrieben werden: Sie machen sich darüber lustig.

mit goldbetressten Mützen, haben sich erhoben, die Alkoholfahne voran, zum Hitler-Gruß, der wie selbstverständlich schon der »Deutsche Gruß« heißt. Das ist Karneval in Köln, ist Frohsinn, ist unbeschwertes Feiern, was die Gesinnung hält. Dreimol Nazi alaaf! Hitler alaaf! Kölle alaaf! Klatschmarsch ...

1934, der erste Veedelszoch im braunen Köln. Auf einem Wagen stehen Kölner in schwarzen Mänteln, mit schwarzem Bart und schwarzen Locken, im Gesicht eine überdimensionale Hakennase. Über ihnen ein Schriftband: »Die Letzten ziehen ab.« Lustige Kölner sind's, die hier über Juden lachen.

1935: Rassisch Gefährdete müssen aus Deutschland fliehen. Gleich zwei Wagen im Rosenmontagszug verhöhnen sie beim Umzug ins »Hotel de Saar«, machen sie lächerlich als die »Flüchtlinge unter den Dächern von Paris«.

1936: Ein Paragraphenzeichen mit SA-Stiefeln steht auf der Krawatte eines Juden, schnürt ihm die Luft ab. Auf dem Großwagen steht: »Däm han se op d'r Schlips ge-

Bewusst und vorsätzlich gestalten Kölns Karnevalisten den Rosenmontagszug mit Nazi-Themen. Menschenverachtend machen sie das Schicksal der todgeweihten Männer und Frauen zur Lachnummer. Und die Sitzungen beginnen oft mit »Heil Hitler« und dem Horst-Wessel-Lied. Karneval in Köln ist Nazival geworden …

trodde!« Und 1938 steigt eine Karikatur des jüdischen Bürgermeisters von New York, Laguardia, aus einem Jauchefass. Text: »Sein Weltrekord: die größte Schnauze«. Die Frohsinns-Führer der Nazivalisten nehmen den Mund voll.

D'r Hass-Zoch kütt.

Präsident des »Festausschusses Kölner Karneval« ist zu dieser Zeit Thomas Liessem. Er bemüht sich, den Nazi-Einfluss auf den Fasteleer so gering wie möglich zu halten. Aber was bei seinen Gesprächen mit Hitlers Vertrautem Robert Ley und anderen NS-Größen herauskommt, ist nichts als kölscher Klüngel – der Karneval geht weiter, offiziell hat man sich gewehrt, aber unterm Strich sind die Themen in NS-Hand. Liessem, der Kompromisskopp, hat keine Chance gegen Hitlers Kommissköppe.

Nazi-Einfluss bis in die oberste Spitze. 1938 verfügen die braunen Machthaber, dass es keine männliche Jungfrau mehr geben darf im Dreigestirn – Konsequenz aus der unbarmherzigen Verfolgung Homosexueller. Ein Mann in Frauenkleidern – das akzeptieren die gnadenlosen Sittenwächter nicht mal in Köln, nicht mal als Brauchtum.

1938 heißt die Jungfrau dann auch in Wirklichkeit Paula. Fräulein Zapf, 20 Jahre alt, eine echte Lieblichkeit. Allerdings auch ein fast einmaliges Ereignis im Karneval, der während des Kriegs sowieso gestoppt ist. Paula Zapf wird nicht wie ihre männlichen Ex-Kollegen in die Traditionsgemeinschaft aufgenommen. Billige Karnevalisten-Rache am untauglichen, weil unschuldigen Objekt.

Nach dem Zusammenbruch des Dritten Reichs wird der Widerstand des Festkomitee-Chefs in den Himmel gehoben. Die Liessem-Legende, die ihn zum unerschrockenen Kämpfer wider das Braune erhöht. Vergessen ist sein Zitat vom 28. Februar 1939 in der Zeitung »Der Mittag«: »Seit der Machtübernahme hat das vaterstädtische Fest in Köln große Unterstützung durch Partei und Behörden erfahren. ... Insbesondere waren und sind es die Kölner Oberbürgermeister seit 1933, die dem Fest ihre vollste Unterstützung angedeihen ließen.« Mit den NS-Oberbürgermeistern Günter Riesen und Karl Georg Schmidt war Liessem immer äußerst gut zurechtgekommen ...

DAMALS

Millowitsch-Theater betreut Truppen

Wenige Tage nach der 1000-Bomber-Nacht, die Köln in Schutt und Asche legt (30. Mai 1942), startet das Millowitsch-Ensemble in Richtung Nordfrankreich zu einer Wehrmachts-Tournee – Soldatenbetreuung.

Das Hänneschen wird antisemitisch

Am 29. Juli 1938 zieht das Hänneschen-Puppentheater zum Eisenmarkt um. Ideologisch verbeugt sich das Hänneschen vor den Nazis – und führt antisemitische Stücke auf.

Deutsche Leichtathleten an der Spitze

Am 20. August 1939 findet im Müngersdorfer Stadion der Leichtathletik-Länderkampf gegen Großbritannien statt. 40 000 Zuschauer sehen den überlegenen Sieg der Deutschen.

Die jecke Prominenz und die NSDAP

Willi Ostermann, Komponist, Sänger, Volkskünstler – und NSDAP-Mitglied: Er stirbt am 6. August 1936. Der 59-Jährige hat ein Lied hinterlassen, das er kurz vor seinem Tod schrieb und das für viele Russland-Gefangene zur Hymne wird:
»Wenn ich su ahn ming Heimat denke un sin der Dom su vür mir stonn, möch ich direk op heim ahn schwenke, ich möch zo Foß noh Kölle jon ...«

Else Horion heißt 1939 die zweite echte Jungfrau nach Paula Zapf.
Sie wird ohne ihr Wissen vorgeschlagen, lehnt weinend ab, da sie wenig Ahnung vom Karneval hat. Die Nichte des NS-Landeshauptmanns Horion lässt sich aber dann einreden, welch große Ehre es sei, im Dreigestirn mitzumachen – und wird umjubelt.
Die Proklamation hören Millionen – der Reichssender überträgt sie aus Köln ins gesamte Deutsche Reich.

Schon 1933 gab es einen Maulkorberlass bei den Karnevalisten:
Bei der Prinzen-Garde wird verkündet, »dass die Führer der amtlichen Stellen in den Reden natürlich unangetastet« bleiben müssen.

Festkomitee-Präsident Thomas Liessem und andere passen sich schnell an:
1933 tritt der Karnevalist Liessem in die NSDAP ein und verpflichtet für die Korps-Aufmärsche die Kapelle der SA-Brigade 71. Bei den Roten Funken spielt die Kölner SS-

Die neuen Ehrenbürger

Sechs neue Ehrenbürger bekommt Köln zwischen 1933 und 1939: Paul von Hindenburg, Adolf Hitler, Hermann Göring, Robert Ley, Alfred Rosenberg, Joseph Goebbels. Die Ernennung ist Teil der NS-Propaganda – ebenso wie der Kongress des »Reichsbundes der Kinderreichen« am 6. Juni 1936 in Köln (50 000 Teilnehmer).

Standarte auf, mal tragen die Männer ihre schwarzen SS-Uniformen, mal das karnevalistisch-kölsche Rot-Weiß.

Carl Umbreit ist 1936 Leiter des Zochs, in dem der Friedensnobelpreis verhöhnt wird, nachdem er dem eingekerkerten Carl von Ossietzky zugesprochen wurde.
Der Entnazifizierungsausschuss 1948 über Umbreit: »ein aktiver und überzeugter Nazi«.

DAMALS

Neue Autobahn Köln – Düsseldorf
Reichspropagandaminister Joseph Goebbels gibt am 31. Mai 1936 die 25 Kilometer lange Autobahn zwischen Köln und Düsseldorf frei. Mit bis zu 3500 Fahrzeugen täglich ist sie die meistbefahrene Schnellstraße Deutschlands.

Deutz soll Aufmarschgelände werden
Fast ganz Deutz und Kalk will Hitler niederreißen lassen, um ein riesiges Aufmarsch-gelände zu schaffen. Die Pläne von April 1937 scheitern am Beginn des Zweiten Weltkriegs.

Gigantischer als Nürnberg: So sollte Deutz aussehen (im Vordergrund der Dom).

FAMILIE, BERUF, FREIZEIT: DIE NAZIS SIND ÜBERALL

Das Grauen kann so komisch sein. »Jawoll, drei Liter!« erwidert die Kölnerin Käthe den Hitlergruß eines Ladeninhabers. Sie findet's lustig, ein anderer Kunde nicht. Der schwärzt sie bei der Gestapo an – wegen Verächtlichmachung des Führers. Als die Männer in ihren langen Ledermänteln bei Käthe klingeln, ist sie aber schon gewarnt worden – und hat flugs ein Hitlerbild an die Wand gehängt und frische Blumen davorgestellt: »Wat wollt Ihr denn? Dat jönn isch unserem verehrten Führer doch je-

Die Rüstungsindustrie, ein großer Arbeitgeber im Dritten Reich. Im Krieg müssen Zwangsarbeiter bei Kölner Unternehmen für Hitler schuften.

den Morjen«, sagt sie, als man sie abführt. Und darf deshalb nach einer halben Stunde das berüchtigte El-De-Folterhaus wieder verlassen ...

Alles ist überwacht, jeder Schritt, jedes Wort. Wer nicht am monatlichen Eintopfsonntag teilnimmt und das durch das schlichte Essen eingesparte Geld an die Nationalsozialistische Volkswohlfahrt (NSV) abführt, wird gemeldet. Es gibt günstigstenfalls einen geharnischten Brief (darunter steht: »Höflichkeitsfloskeln fallen bei allen parteiamtlichen Schreiben fort«) – oder es geht zum Verhör, ins Gefängnis. Oder sogar ins KZ.

Die Hakenkreuzfahne muss herausgehängt werden, Jungen müssen in die HJ eintreten, Mädchen in den BDM. Arbeitnehmer und Arbeitgeber sind in der deutschen Arbeiter-Front erfasst, Kinder kommen zur Kinderlandverschickung, jüdische Geschäfte zu besuchen ist ebenso gefährlich wie ausländische Sender zu hören.

Niemand ist sicher. Zu keiner Zeit. An keinem Ort.

An der Severinstraße hat eine Frau ein Liebesverhältnis mit einem Juden. Eine Nachbarin erzählt der Gestapo von dem Verhältnis – und der Jude verschwindet. Wenig später spricht sich im Veedel herum: »Der wurde auf der Flucht erschossen.« Eine Kölnerin hat ihn ins KZ gebracht. Verraten, dem Tod ausgeliefert.

Wer sich nicht fügt, ist gebrandmarkt. Kölner, die »sich in die Ordnung der Volksgemeinschaft nicht einfügen wollen«, gelten als »asozial« und »Gemeinschaftsfremde«. Es sind Bettler, Obdachlose, »Arbeitsscheue«, Prostituierte, unangepasste Jugendliche. Sie werden häufig zwangssterilisiert – mit der Begründung, es liege »angeborener Schwachsinn« vor. Sie werden »planmäßig überwacht«,

DAMALS

Kölner SPD-Mann zu Tode gefoltert

Unter 600 Angeklagten, die im August 1936 in Hamm wegen »Hochverrats« vor Gericht stehen, befinden sich auch die Kölner Sozialdemokraten Hein Hamacher, Willi Schirrmacher und Franz Bott. Der mitangeklagte Georg Reiter stirbt in U-Haft – zu Tode gefoltert.

Neue Eislaufhalle an der Lentstraße

Platz für 7000 Zuschauer, zwei Eislaufflächen, ein Hallenbad, zwei Tennisplätze: Am 14. Dezember 1936 wird das Eis- und Schwimmstadion an der Lentstraße eröffnet.

Die West-Offensive beginnt in Köln

Am Morgen des 10. Mai 1940 marschiert das deutsche Westheer in Richtung Frankreich, Belgien, Luxemburg und die Niederlande. Köln dient seit Monaten als zentrale Basis für das Militär, Ostheim und Butzweiler Hof sind wichtige Luftwaffen-Stützpunkte der Nazis.

Frauen im Nähsaal: Ab Anfang der 40er Jahre werden sie verstärkt in Rüstungsbetrieben eingesetzt. Allein KHD beschäftigt 723 Arbeiterinnen.

Spenden für die Nazis

Rohstoffmangel: Zu Hitlers 51. Geburtstag am 20. April 1940 ruft Ministerpräsident Hermann Göring zu einer Metallspendeaktion auf. Die Kölner zeigen sich in hohem Maße opferbereit: Für die zahlreichen Haushaltsgegenstände aus Kupfer, Bronze, Messing, Zinn, Blei und Nickel erhalten sie »im Namen des Führers« Dankesurkunden.

Bieder, mehrere Generationen sitzen bescheiden am Tisch: Das ist das Idealbild der Nazis von der deutschen Familie.

kommen in »Vorbeugungshaft«, ins KZ. Ihre Überlebenschance ist gering.

Köln im Gleichschritt, im Nazi-Takt. Alles sieht sehr ordentlich aus: drei Generationen am Familientisch; fleißige Näherinnen im großen Fabriksaal; fleißige Männer im großen Maschinensaal. Alles in Reih und Glied. Eine Masse.

Eine junge Kölnerin verteilt im Auftrag ihres Vaters, eines Kommunisten, Flugblätter. Die Kleine ist politisch nicht interessiert, versteht nicht mal, was auf den Zetteln steht. Sie wird angezeigt – von ihrer eigenen Schwester. Und landet im Klingelpütz. Sie ist eine »Politische«, wird schlechter behandelt als Kriminelle. Nur eine Frau in ihrer Zelle ist nett zu ihr. Später erfährt sie, dass die Frau, die so menschliche Züge zeigt im Gegensatz zu den Nazis, eine Mörderin ist.

Die Nazis haben alle Werte, das ganze Leben auf den Kopf gestellt. Die als lebensfroh bekannten Kölner zeigen

Köln wird »judenfrei«

Seit 1. September 1941 müssen Juden den Judenstern tragen, am 21. Oktober beginnt die Deportation der 6277 Juden, die noch in der Stadt sind. Sie müssen ihr persönliches Vermögen zurücklassen, nichtjüdische Kölner profitieren davon. Lebensmittelrationen werden für Juden gekürzt, sie dürfen keine öffentlichen Verkehrsmittel mehr benutzen. Ende 1943 gibt es nur noch so genannte »Mischlinge« und in »Mischehe« lebende Juden in Köln.

jetzt ein anderes Gesicht. Die Fratze des Denunzianten, die feigen Züge des Mitläufers. Jeder weiß, wo die Galgen stehen, viele hören die Schreie der Gefolterten am El-De-Haus. Nazis plündern Juden-Wohnungen, verprügeln junge Widerständler, verraten die eigene Familie, ihre Gesinnung, das eigene Gewissen.

Es ist schwer, sich der Masse zu entziehen. Aber in Köln rennen die Nazis offene Türen ein. Nach dem Krieg ist ein beliebter Spruch der Kölner: »Dat hammer ävver alles nit jewoss.«

Vielleicht haben sie nicht alles gewusst. Aber: Vieles haben sie gewusst.

DAMALS

Bunte Kino-Unterhaltung in der Uni

Das zerstörte Ufa-Lichtspieltheater zieht am 8. September 1943 in die Kölner Uni um. Zur Eröffnung läuft der Farbfilm »Münchhausen«.

Hitlergruß und »gleichgültige, laue Deutsche«

»Der Hauseigentümer kam mir entgegen und sagte: ›Herr B., Sie sagten gestern Abend »Guten Abend«, als Sie ins Haus kamen. Ich wünsche, dass Sie in meinem Haus »Heil Hitler« sagen.‹ Zwei Tage später erhielt ich eine Vorladung von der Ortsgruppe der Partei. ... Nach diesem Fiasko fing der Hauseigentümer samt seiner Familie an, mich zu schikanieren. Sein 10-jähriger Sohn demolierte durch Hin- und Herfahren im Flur unseren Kinderwagen so, dass er unbrauchbar wurde. Wollte meine Frau die Asche zum Hof tragen, war die Tür abgeschlossen, der Schlüssel angeblich verlegt. Meine Frau wurde beschimpft und wagte sich nur mit Angst mit dem Kind nach unten. Die Angelegenheit endete mit einer Räumungsklage durch den Hausbesitzer mit der Begründung, dass es mit seinem Amt als Gauamtswalter nicht vereinbar sei, wenn ein Mieter in seinem Haus nicht mit ›Heil Hitler‹ grüßte.« *Zeitzeuge K. B., Köln*

Bei der Kinderlandverschickung wurden die jungen Menschen von den Nazis auf das Dritte Reich – und den Krieg eingeschworen.

»Einen unserer Freunde hatte man verhaftet, weil er Geld für die Frau eines Genossen gesammelt hatte, der ins KZ gekommen war. In welches Lager er gekommen war, wussten wir nicht, und seine Frau war auch zu bange, es uns zu sagen.« *Käthe Schlechter-Bonnesen, Köln*

»Ich stellte fest, daß Sie am 30.1.39 nicht die Hakenkreuzfahne zum Aushang gebracht haben. Jedenfalls wollen Sie dafür sorgen, daß ich Sie nicht wieder als gleichgültigen und lauen Deutschen auf Ihre Pflicht aufmerksam machen muß.« *Schreiben des NS-Zellenleiters in Mauenheim an Nachbarn*

»Eine Horde von Braunhemden stürzte ins Lokal, schüttete den Gästen Bier ins Gesicht und zerrte Peter Roggendorf und seine beiden Neffen auf einen Heuwagen. Dem Onkel wurde übel. ›Du kannst ruhig auf den Boden kotzen und dich in deiner eigenen Scheiße wälzen‹, höhnte man.«
Margarete Muhr, Köln

Polizei schießt für die SA

An der Elsassstraße kommt es am 3. März 1933 zu einer Straßenschlacht zwischen Anwohnern und durchziehenden SA-Einheiten. Polizeibeamte, die den Nazi-Trupp begleiten, eröffnen das Feuer auf die Anwohner, verhaften 70 Personen. Im Zuge der Vorbereitung der Reichstagswahl terrorisieren SA und SS immer wieder Kölner Bürger, misshandeln sie im »Braunen Haus« an der Mozartstraße. Die Polizei schreitet nicht ein.

Das Luftbild zeigt die großflächige Zerstörung der Innenstadt von Köln. 12 840 Häuser wurden beschädigt, davon 3 300 total zerstört.

DIE NACHT, IN DER DIE 1000 BOMBER KAMEN

Das dumpfe Dröhnen kommt aus Richtung Westen. Bedrohlich, unaufhaltsam. Todbringend. 1047 Bomber der Royal Air Force sind an diesem lauen Samstagabend, an diesem 30. Mai 1942, von 52 britischen Flugplätzen aus gestartet. 868 von ihnen erreichen Köln. 1459 Tonnen Vernichtung prasseln auf die Stadt nieder. 20 Luftminen, 864 Sprengbomben und 111 044 Brandbomben verwandeln die Stadt in ein Inferno. Feuer und Tod heißen die Herren der Nacht. Es ist die 1000-Bomber-Nacht. Köln verblutet.

Die Innenstadt – leblos. Als sie brennt, ist ihr Feuerschein schon an der niederländischen Küste von den britischen Bomber-Piloten zu erkennen. Der Rauch verdunkelt Stadt und Umland, es riecht nach verbrannten Menschen, nach Verwesung, nach Tod.

Nach einem Bomber-Angriff 1943: KZ-Häftlinge aus dem Messelager bergen in der Innenstadt Leichen auf einer Leiter und bringen sie zum Lkw.

Kurz vor Kriegsbeginn hat Hermann Göring verkündet, er wolle Meier heißen, gelinge es auch nur einem feindlichen Flugzeug, die Reichsgrenze zu überfliegen. In Köln heißt er ab sofort nur noch »Reichsmarschall Meier«.

Angriff soll Arme treffen

In der »Weisung für den Bombenkrieg« der Briten vom 14. Februar 1942 heißt es, dass die Moral der Zivilbevölkerung angegriffen werden soll. Deshalb bleiben in und um Köln die meisten Fabriken bis zum letzten Kriegsjahr verschont, auch die »besseren« Stadtviertel wie Marienburg, Braunsfeld und Lindenthal kommen glimpflich davon. Bomben auf Arbeiterviertel sollen den Hass auf die Nazis schüren, hier gibt es die meisten Toten.

St. Gereon, 1600 Jahre alt, steht in Flammen. Pfarrer Bremer bittet einen hohen NS-Mann um Hilfe bei den Löscharbeiten. Knappe Antwort: »Wir brauchen keine Kirchen mehr ...« Nazis zündeln, aber sie löschen nicht.

Groß St. Martin brennt. Kaplan Gustav Venth, einige Männer der Pfarre und die Feuerwehr löschen. Erst Sekunden, bevor die Kuppel einstürzt, geben sie auf – knapp am Tod vorbei.

45132 Kölner sind obdachlos seit dieser Nacht. Offiziell. Schätzungen gehen von über 100 000 Menschen aus, die keine Bleibe, keine Habe mehr besitzen. Beschlagnahmte

Möbel deportierter Juden werden verteilt, KZ-Häftlinge werden ab Herbst 1942 gezwungen, Trümmer zu räumen, Blindgänger zu entschärfen, Leichen zu bergen. Zur Abschreckung vor Plünderung wird eine 26-jährige Näherin zum Tode verurteilt, die sich in ihrer Not mit einigen herrenlosen Kleidungsstücken und einem Koffer versorgt hat. Die Hinrichtung wird nach der »Volksschädlings-Verordnung« öffentlich auf roten Plakaten in der ganzen Stadt bekannt gemacht. Selbst jetzt sind die Nazis unbarmherzig.

Die 1000-Bomber-Nacht hat das Gesicht Kölns zerstört. Seine Seele getroffen. Aber nicht die Nazis vertrieben. Am 9. Juli 1942 wird der jüdische Barmixer Karl Schaps wegen Rassenschande zum Tode verurteilt. Am 2. August wird die Karmeliterin Edith Stein verhaftet, eine Woche später im KZ ermordet. Ab September ist das Deutzer Messegelände offiziell KZ-Außenlager von Buchenwald.

Die Schildergasse nach dem Angriff: rauchende Trümmer, menschenleere Häuser. KZ-Häftlinge werden später den Schutt wegräumen.

DAMALS

Nazi-Kunst soll die Kölner beruhigen
»Unser Köln 1942« heißt die Ausstellung im August 1942, in der zweitklassige Künstler schöne Landschaften zeigen. Inmitten der Trümmer sind die Kölner wenig begeistert.

Sechs Kölner Widerständler ermordet
Im November 1944 verhaftet die Gestapo 59 Mitglieder der Kölner Widerstandsgruppe »Nationalkomitee Freies Deutschland«. Nach Folterungen werden in der Abtei Brauweiler Engelbert Brinker, Otto Richter und Wilhelm Tollmann ermordet, drei weitere sterben in anderen Nazi-Gefängnissen des Umlands.

Klingelpütz ist Hinrichtungszentrale
Wer im nördlichen Rheinland und in Westfalen von den Nazis zum Tode verurteilt wird, stirbt im Klingelpütz: 1500 Urteile werden im Gefängnis in Kölns Innenstadt vollstreckt.

An der Burgmauer wird ein Blindgänger geborgen. Noch lange nach dem Fliegerangriff detonieren in der Stadt die Sprengbomben.

Der Nazi-Alltag gehört nicht zu den 496 Toten, er hat die Bombennacht überlebt.

Es gibt noch viele solcher Nächte. Ende 1944 leben nur noch 178 000 Menschen in Köln, viele von ihnen hausen in Kellern. Der letzte, vernichtende Luftangriff geht am 2. März 1945 über der Stadt nieder: Als die Amerikaner am 6. März einmarschieren, sind von den letzten 120 000 Kölnern 80 000 geflohen.

Das braune Köln ist leer.

Die Bilanz des Grauens

1939 hat Köln 768 000 Einwohner, 1945 nur noch 40 000. Es gibt 20 000 Bombentote, 20 000 Kölner fallen an den Fronten. Bei 262 Fliegerangriffen werden 200 380 von 252 000 Wohnungen zerstört, die Schuttmasse ist ein Berg von 32 Millionen Kubikmetern. Von 84 Kirchen bleiben nur 27 mit leichten Schäden erhalten, der Dom bekommt 14 Bomben-, 19 Granattreffer ab, 13 Gewölbejoche der Kathedrale stürzen ein.

»Mir han dä Kreech doch nit jewollt«

»In den Kellern lagerten tausend Särge, ideal zum Versteckenspielen. Unser liebstes Spielzeug waren die Stabbrandbomben. Von Mauern oder Ruinen warfen wir sie runter. So wie die Erwachsenen wollten auch wir sein. Feuer löschen und Verletzte retten war unser Spielalltag.« *F. Sch., damals 13 Jahre alt*

»Überall hörte man Schmerzensschreie, verzweifelte Hilferufe, das Klopfen von Verschütteten. Namen wurden gerufen, die Straßen waren übersät mit Toten. In Zinkbehälter mussten wir zusammensammeln, was von Menschen übrig geblieben war.«

G. M. über die Bombennacht am 28. Juni 1943

»Armes Köln! Ein wüster Trümmerhaufen! Man möchte weinen! Wie entehrend, in der Gosse zu verenden! In Bütten und Eimern aufgelesen zu werden! Nein, so möchte ich nicht sterben! Und doch sind wir bei jedem Alarm todesgewärtig.«

Zeitzeugin W. M. in einem Brief vom 19. Juli 1943

»Die Bomben fielen rechts und links. Da kam ein SA-Mann und sagte, draußen stände ein abgeschossener amerikanischer Pilot, der wäre mit schuld, daß wir unsere Häuser und Angehörigen verlören; er brächte ihn jetzt rein, und wir sollten uns da rächen. Alle Frauen sagten, sie würden ihm nichts tun, sie wollten auch nicht, dass es ihren Söhnen so geschehe.«

Zeitzeuge A. Bl. nach einem Luftangriff im Herbst 1944

»Wat soll dat Janze nur bezwecke, uns triff bestemp doch ja kein Schuld. Ich sagen üch, mir ärme Jecke, mir han dä Kreech doch nit jewollt.«

Kriegstext nach der Melodie »Heimweh noh Kölle«

DAMALS

Kölner Kinder sterben an der Front

Frontdienst beim »Baueinsatz Westwall«: Im Januar 1945 müssen alle 15- bis 18-jährigen Kölner Jungs in den Krieg. In vorderster Linie eingesetzt, kehrt ein Großteil nicht zurück.

In der Stadt bricht alles zusammen

Schulen und Uni schließen, Strom, Gas und Wasser gibt's kaum: Im Oktober 1944 ist Köln von der Außenwelt abgeschnitten. Nach dem Einsturz der Mülheimer Brücke ist der Rhein gesperrt, alle Straßen sind unpassierbar, Autos haben sowieso kein Benzin mehr. Die sterbende Stadt wird zur Festung erklärt.

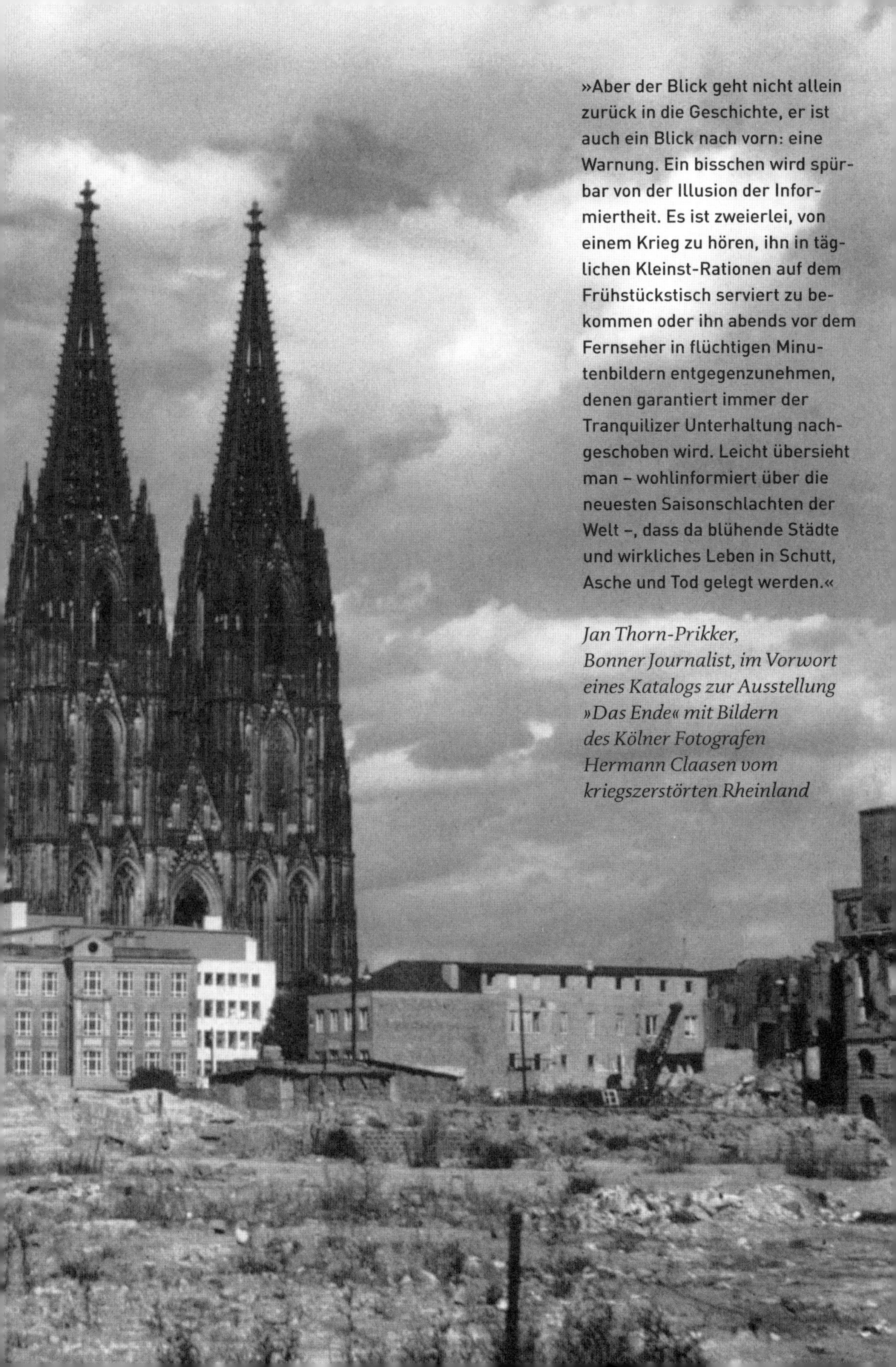

»Aber der Blick geht nicht allein zurück in die Geschichte, er ist auch ein Blick nach vorn: eine Warnung. Ein bisschen wird spürbar von der Illusion der Informiertheit. Es ist zweierlei, von einem Krieg zu hören, ihn in täglichen Kleinst-Rationen auf dem Frühstückstisch serviert zu bekommen oder ihn abends vor dem Fernseher in flüchtigen Minutenbildern entgegenzunehmen, denen garantiert immer der Tranquilizer Unterhaltung nachgeschoben wird. Leicht übersieht man – wohlinformiert über die neuesten Saisonschlachten der Welt –, dass da blühende Städte und wirkliches Leben in Schutt, Asche und Tod gelegt werden.«

Jan Thorn-Prikker,
Bonner Journalist, im Vorwort eines Katalogs zur Ausstellung »Das Ende« mit Bildern des Kölner Fotografen Hermann Claasen vom kriegszerstörten Rheinland

Aus Schutt und Asche wird gerettet,
was gerade noch zu gebrauchen ist.

KÖLN LEBT WIEDER: DIE BRAUNE PEST IST WEG!

Wiederaufbau – Die Stadt ist vom Nazi-Terror befreit, aber einige alte Karrieren gehen weiter

Die deutsche Front ist »auf das Ostufer des Rheins zurückgedrängt«, aber »auf dem Westufer« werde »noch in den Trümmern von Köln gekämpft«. Das ist das letzte Mal, dass der Wehrmachtsbericht der Nazis diese Stadt erwähnt – am Morgen des 6. März 1945 dröhnen amerikanische Tanks über Trümmer bis zum Dom, es gibt keinen Widerstand, vor der Kathedrale schießen die Soldaten lediglich einen verlassenen deutschen Panzer in Brand – Köln ist befreit von der braunen Pest. Köln holt Luft.

Die Amerikaner werden in den nächsten Tagen allen Kölnern Fingerabdrücke abnehmen – angeblich, um sie für die Ausgabe neuer Lebensmittelkarten zu registrieren. Aber damit ist es jetzt auch möglich, Nazis von Nicht-Nazis zu unterscheiden. Im April 1946 zeigt sich die praktische Seite dieser Erfassung: Während entnazifizierte Kölner an einem ehrenamtlichen »Säuberungstag« Trümmer räumen, werden 19 363 Personen für sechs Tage zwangsverpflichtet – es sind ehemalige NSDAP-Mitglieder beim »Sühnedienst«.

Am 5. März 1945, wenige Stunden, bevor die Amerikaner in der Stadt sind, legt ein kleines Motorboot am linken Rheinufer ab. An Bord: Josef Grohé, NS-Gauleiter und Reichsverteidigungskommissar, als »scharfer Hund« Hitlers unerbittlicher Statthalter in Köln – und das nicht erst

DAMALS

Studenten-Auslese für die Kölner Uni
Wiedereröffnung der Uni (seit 10. Oktober 1944 geschlossen): Am 10. Dezember 1945 sind 1500 Studenten nach Prüfung der politischen Gesinnung zugelassen, zehn Prozent der Plätze für Zwangsarbeiter und Kriegsgefangene reserviert.

Juden-Treffen in Synagogen-Ruine
Erster jüdischer Gottesdienst in den Trümmern der Synagoge Roonstraße: Am 29. April 1945 treffen sich hier rund fünfzig Überlebende von ehemals 16 000 Kölner Juden zum Gottesdienst.

Köln ist wieder Großstadt geworden
Rund 20 000 Kölner gibt es noch in der Stadt, als die Amerikaner einmarschieren. Am 29. Oktober 1946 werden schon wieder 489 812 »Ortsansässige« gezählt. Sie hungern.

Gefangennahme deutscher Soldaten
am Fuße des Kölner Doms

Die ersten Amerikaner haben am Morgen des 6. März 1945 Kölner Boden betreten und lassen sich schon am Nachmittag als Befreier vor dem Dom fotografieren.

Aufräumarbeiten an der Cordulastraße. Die Trümmer werden auf dem Neumarkt gesammelt – ein riesiger Schutthaufen steht hier inmitten von Häuser-Ruinen sinnbildlich für das fast völlig zerstörte Köln.

Am 1. September 1946 wird ein »Trümmeramt« eingerichtet, das unter anderem darüber entscheidet, welche Häuser repariert und welche abgerissen werden sollen. Auch alle Rheinbrücken sind zerstört.

seit der Machtergreifung der Nazis im Januar 1933. Grohé sucht sein Heil nicht mehr bei Hitler, sondern in der Flucht.

Als »Landarbeiter Otto Gruber« wird er 1946 von einem US-Sergeanten verhaftet, in Belgien interniert (er war auch Hitlers Reichskommissar für Belgien und Nordfrankreich), in Bielefeld zu viereinhalb Jahren Haft verurteilt. Wegen langer U-Haft und weil ihm die Richter untadeliges Leben und vorbildlichen Einsatz für die Versorgung der Kölner im Bombenkrieg zugestehen, muss er nicht ins Gefängnis. Er wird Kaufmann in Köln, man sieht ihn oft in einer Kölner Kneipe sitzen und von früher erzählen. 1988 stirbt er, 86 Jahre alt.

Viele Karrieren gehen weiter.
Dr. Dr. Walther Auer, im Dritten Reich als Psychiater Leiter der »Beratungsstelle für Erb- und Rassenpflege« und der »Fürsorgestelle für Nervöse und Geisteskranke« beim Gesundheitsamt der Stadt, wird 1949 als Obermedizinalrat Chef der amtsärztlichen Abteilung des Gesundheitsamts. 1960 geht er in Rente.

Toni Merzenich, Gauamtsleiter des Rassenpolitischen Amtes im NSDAP-Gau Köln-Aachen, wird 1954 Bundesgeschäftsführer des Deutschen Familienverbands.

Peter Nesseler, 1933 bis 1945 Vorsitzender des Erbgesundheitsgerichts, das Tausende Zwangssterilisationen anordnet, wird 1945 Amtsgerichtspräsident in Köln, geht 1956 in den Ruhestand.

Das El-De-Haus, die Zentrale der Geheimen Staatspolizei, ist Hinrichtungsort für viele Hundert Menschen. Die letzten zehn werden am 2. März 1945, vier Tage vor Einmarsch der Amerikaner, erschossen – unter ihnen ein 15-jähriger Junge. Ihre Leichen werden erst im Oktober zusammen mit dem Galgen auf dem El-De-Gelände gefunden.

Die braune Pest ist weg, Köln lebt wieder. Aber es lebt mit einer grausamen Vergangenheit. Die nicht totgeschwiegen werden darf. Weder Lügen noch Beschönigungen dürfen das Vergessen nähren.

Köln war braun.

DAMALS

Stadt kommt nicht ohne Nazis aus
Im Mai 1945 werden alle ehemaligen NSDAP-Mitglieder aus der Stadtverwaltung entfernt. 1946 stellt sich heraus: Man braucht Fachleute – »Mitläufer« werden wieder eingestellt.

Kardinal: »Diebstahl aus Not« erlaubt
Jeder habe das Recht, zu nehmen, was er »zur Erhaltung seines Lebens notwendig hat«: Kardinal Josef Frings rechtfertigt den Kohlenklau. Es entsteht der Ausdruck »fringsen«.

MUT ZUR DEMOKRATIE –
ZUM WOHLE DER MEHRHEIT

Alfred Neven DuMont (Jahrgang 1927), Herausgeber des EXPRESS, über Nachwirkung und Bedeutung der Zeit zwischen 1933 und 1945:

Das Frühjahr 1945, für mich die Zeit der Befreiung, war für viele auch die Zeit der Niederlage. Es war eine Niederlage für die Landser, die eine Tragödie hinter sich und die nächste vor sich hatten – sie kamen aus dem sinnlosen Krieg in ein am Boden liegendes Land zurück.

Die Amerikaner haben uns Deutschen die Befreiung leicht gemacht. Sie wussten, dass die Mehrzahl der Deutschen Demokraten werden wollten, aber es war noch ein langer Weg bis zum Grundgesetz. Und dann wurden wir Demokraten.

Für Menschen meines Alters war es trotz allen Unglücks auch die Zeit eines großartigen Anfangs. Wir hatten enorme Chancen in der noch sehr jungen Demokratie, die wir im Tausch gegen die Niederlage bekommen hatten.

Wir mussten, wir durften schon sehr früh Verantwortung übernehmen, eine Wächterfunktion erfüllen. So hat zum Beispiel die deutsche Presse in den 50er bis 70er Jahren hervorragende Arbeit geleistet. Es galt, wilhelminischen Hochmut und nationalsozialistische Barbarei hinter sich zu lassen. Die nationale Idee war von den Nazis auf den Kopf gestellt worden, es galt, einen neuen Weg zu finden und zu sichern.

Nach dem Zweiten Weltkrieg, nach der nationalsozialistischen Barbarei haben wir aufgebaut. Nur eine Gemeinschaft ist in der Lage aufzubauen. Wir brauchten dazu

Amerikanische Soldaten
beim Gebet im Kölner Dom

starke Persönlichkeiten. Politische Inhalte. Demokratiedenken.

Wir sind sehr wenig zur Ruhe gekommen seitdem. Auf den Wiederaufbau folgten die Wiedervereinigung, der europäische Gedanke. Unser Weg muss jetzt europäisch sein.

Wir Deutsche sind Grübler und hadern oft. Aber wir müssen nach vorn blicken, über die Grenzen hinaus. Die Erstarrung, in der wir uns zurzeit befinden, ist eine Folge der letzten zwanzig Jahre.

Wir brauchen wieder starke Persönlichkeiten, wir brauchen wieder Gemeinsinn.

Die politischen Parteien wenden sehr viel Zeit für ihre Machtentfaltung auf. Das ist eine Pervertierung des Demokratiegedankens, den wir nach 1945 umgesetzt haben.

Wir brauchen Mut zur Demokratie. Zum Wohle der Mehrheit und nicht dem von Interessenverbänden und Gewerkschaften.

DAS KÖLNER EL-DE-HAUS

Das El-De-Haus, das nach den Initialen seines Erbauers Leopold Dahmen benannt wurde, war als Wohn- und Geschäftsgebäude geplant. 1935 wurde es nach einem Baustillstand noch im Rohbau von der Geheimen Staatspolizei angemietet. Im Krieg blieb es weitgehend von Bomben verschont, diente nach 1945 unter anderem als Standesamt und Rentenstelle.

Erst seit 1981 gibt es die Gedenkstätte im Keller des Hauses, am 16. Juni 1997 eröffnete der damalige Oberbürgermeister Norbert Burger in diesem Gebäude das NS-Dokumentationszentrum der Stadt Köln.

Außer der Dauerausstellung »Köln im Nationalsozialismus« werden immer Einzelausstellungen gezeigt. Die Bibliothek – keine Ausleihe, sondern Präsenzbibliothek – enthält allgemeine Literatur zum Nationalsozialismus und schwerpunktmäßig Bücher, Zeitungen, Nachrichten- und Mitteilungsblätter aus der Kölner NS-Zeit.

Kontakt

NS-Dokumentationszentrum
der Stadt Köln
Appellhofplatz 23–25

Tel. (02 21) 221-2 63 31

E-Mail: nsdok@stadt-koeln.de
www.museenkoeln.de/nsdok

Copyrightnachweis

Fotonachweis

Bundesarchiv, Koblenz S. 19 (Bild 146/97/19/27A)
Hermann Claasen, Köln S.2/3, 84/85
Tobias Dahl S.65 unten
Verlag M. DuMont Schauberg, Bildarchiv, Köln S.11, 16, 49, 59, 88, 92
L.Franzheim, Juden in Köln, hg. von der Stadt Köln, 1984 S.65 oben
Junkers Luftbild S.32/33
Keystone-Bilddokumente Zentral-Bildarchiv, Hamburg S.44/45
NS-Dokumentationszentrum der Stadt Köln, Bildarchiv Cover, S.1, 10, 12, 13, 14/15, 20, 25, 26/27, 31, 34, 36, 37, 38, 39, 40, 41, 46, 51, 53, 54, 55, 56, 57, 58, 61, 63, 66, 69, 70, 72/73, 74, 75, 78/79, 80, 81, 82, 86, 89, 90, 95
Archiv Ilse Prass S. 64
Rheinisches Bildarchiv, Köln S. 22, 29, 43, 52